萌える!
日本神話の女神事典

萌える！日本神話の女神事典

天地開闢

国産み、神産み

高天原神話

contents

国作り、国譲り

天孫降臨、神武東征

風土記

時の天皇が問う――
まろん
いつになったら
新たな国史の編纂《へんさん》が
終わるのですか？
えっとっ
しどろもどろ
あの、
そのですね……
それでは、まろん
そちが代わりに
編纂しなさい！
ザビン
ちっ
またですか
安万侶め…
えええー!?
……とは言え
ひとりでは
大変でしょう
ポムッ
心強い助っ人を
用意しておきました
すけっと……
ですか？

まったく！
お師匠様のおかげで
とんだとばっちりだよ！
あーとーでー♪
プゥー
ポリポリ
お仕事して
くださーい!!
だから
あれほど……
ん？
ブブッブッ
ギョ
な!?
おーまー
たーせー
カーグーヤー
でーすー！
見習い天津神カグヤ
高天原より
まいりましたーっ！
どーん
○×@□△!?
と、
言うわけで！
キュウウウ
さあ、本編へ!!

案内役のご紹介！

読者のみなさんを日本神話の世界に招待する、案内役たちをご紹介!

あいたたた……空から人が降ってくるなんて、おてんとさまもびっくりだよ……。
はっ、もしかして、キミが陛下が言っていた「助っ人」なの？

そのとーりです！
見習い天津神カグヤ、安まろん様の国史編纂をお手伝いさせていただきますっ！

もー、師匠ってば、陛下のお仕事をすっぽかすってどういうつもりなの⁉
しょうがない、師匠の不名誉は弟子がそそがなきゃ。
陛下にご満足いただける国史、作ってみせるよ‼

安まろん

朝廷で国史の編纂をお仕事とする役人「太安万《おおのやすま》侶《ろ》」の直弟子。女の子だが才能豊かなので、男装で安万呂のアシスタントをしている。とっても真面目で、これと決めたら直球勝負。だらしないお師匠様に辟易しつつも世話をやいている。

神話のことなら、見習いではありますが神にお任せを！
国史編纂、きっちりとサポートさせていただきますわ～！

カグヤ

神としての本名は「其琥珀兎無迦具夜比売命（ソコハカトナクカグヤヒメノミコト）」。見習い女神として鍛冶神ヒノカグツチに弟子入りしている。ミステリアスな外見の美少女だが、お師匠様大好きのシショコンが玉にキズ。

まろん様、国史を編纂されるということは、まずは神話を研究されるのですよね？ それなら、せっかくですからもっと高位の神様にお聞きしましょう！ 私の師匠と、その妹様をお呼びしましたよ！

はーい、みんな～♪
日本の最高神、みんなの
アマテラスお姉さんだよ～♪
お姉さんの子孫が作ってきた、
日本の歴史を知りたい
っていうのはキミかな？

アマテラス

日本神話の最高神にして太陽神。やや打たれ弱くて引きこもり気味だが、子孫のことをほめられるとテンションが上がるお母さん気質。

うーむ、人間の歴史書づくりに
神々を呼びつけるなど不遜ではあるが……。
鍛冶ばかり教えてきたからな、
カグヤの勉強になるのなら、
助力するのもよかろう。

ヒノカグツチ

全身が火の玉になっている火の神にして鍛冶神。アマテラスとは年の離れた兄にあたる。職人らしく頑固な性格だが、なんだかんだで弟子には甘い。

あわわ、アマテラス様とヒノカグツチ様って、我が国の最高神と、その兄上様じゃないですか！

はいはーい、そう固くならない～。
お姉さんの子孫がすごくがんばって作った、この国の歴史をまとめてくれるなら、いくらでもがんばっちゃうし。かっこよく書いてあげてね？

へ、ヘタなこと書けなくなったー!?

はじめに

私たち日本人が住むこの国は、「八百万《やおよろず》の神」が住む国だといわれます。これは、神が800万柱いるという意味ではなく、数え切れないほど無数に存在する、という意味の言葉です。
食事の前にはいただきますと言い、トイレを使えば清潔に保ち、お風呂に入って体を洗う。われわれ日本人が生活の一部として行っているこれらの行為は、実は神々への敬意と畏怖を表現する宗教儀式でもあると言ったら驚くでしょうか？

この「萌える！日本神話の女神事典」は、私たち日本人にとってもっとも身近な女神である「日本神話の女神」のことを、もっと知ってもらおうという想いで制作されました。
この本では、日本の神話の原典である『古事記』『日本書紀』に登場する重要な神を中心に、合計82柱の女神を紹介しています。なかには今まで名前すら聞いたことがない女神様もいることでしょう。
女神の外見は、神話伝承の内容や女神の能力をヒントに、各イラストレーターが知恵を絞ってつくりあげました。食べ物の女神、約束の女神、トイレの女神、土と食器の女神……あなたの生活に当たり前のように使われているものにも、由緒正しい女神たちがついていることをイメージする一助になれれば幸いです。

また、女神個人を紹介するだけでなく、女神たちが活躍した日本神話とはなんなのか、そのおおまかな概要をつかめるよう、神話そのものの解説も簡潔にわかりやすくまとめてあります。この本を全部読めば、日本人ならぜひ知っておきたい「日本神話」について知るための、土台となる知識が身につくことでしょう。
そこからどの方向に興味をつなげていくかは、読者であるあなた次第です。ぜひこの本を片手に、身近で広大な日本神話の世界に足を踏み入れてください。

凡例と注意点

凡例

本文内で特殊なカッコが使われている場合、以下のような意味を持ちます。
・『　』……原典となっている資料の名前
・《　》……原典を解説している資料の名前

神の名前について

本書で紹介する神の名前は、基本的にカタカナで表記します。
また、神の名前のなかでも美称に当たる部分（神、命、接頭語など）は、本文では省略して表記します。

神話の内容について

本書で紹介する神話の解説は、特にことわりのない場合、『古事記』に書かれている神話の内容をもとにしています。

日本神話とは？

はーい、みんな～？
この本では、
日本で古くから知られている神話と、
そこで活躍するいろんな
女神のことを紹介しちゃうよ。
その前にまずは、
いちばん基本的な疑問に答えましょう。
日本神話って、いったいなんのこと？

ゼロから知っとく？日本神話の世界

すいませーん！　さっきカグヤちゃんが「神話を教えてくれる」って言ってたんですけど、私が作らなきゃいけないのは、日本の「国史」、つまり歴史書で、神話の本じゃないんですけど……。

間違ってないよ～。日本の歴史っていうのは、現在、つまり飛鳥時代の日本という国はこうやってできましたってことを説明するわけでしょ。それなら、この国は神様が作ったんだから、最初は神話から始まらなくちゃいけないの。

そもそも日本神話ってどんな話?

でも、どの神話を調べればいいんですか？　とりあえず神様が出てくるお話なら神話ですよね？　うちのおばあちゃんが「トイレには美人の女神様がいて、キレイに使えば自分も美人になる」って言ってたけど、これも神様出てくるから神話ですよね。

ふむ、たしかに我が国には、神が登場する話は珍しくない。
分類するならこのような形か。

- 古代の神話
- 古い歴史
- 神社の伝承
- 妖怪伝説
- 農村の昔話
- 武士の手柄話

たくさんあるように見えるけど、日本の歴史を知るために必要な神話は「古代の神話」と「古い歴史」だけで OK！
それじゃあカグヤちゃん？　資料を持ってきてちょうだい。

はいっ！　かしこまりましたー!!（どぴゅーん）

日本神話はこんなお話!

この日本という国はどういうふうにできたと思う？　それは日本神話のお話を読めばわかるんだよ～。
日本神話の始まりから終わりまでに、お話がだいたいどんな流れで進んでいくのかを把握しましょ！

①世界と神々が生まれる話
②神々が日本を豊かにする話
③神の子孫が天皇になる話
④歴代天皇と家臣の話
現代へ続く！

日本神話の重要なところは、日本の指導者は神の子孫だというところだ。日本の天皇家は、わが妹、アマテラスの血を引く子孫なのだ。

日本神話は現代につながっている!!

日本という国の基礎は、日本神話がまとめられた８世紀初頭、飛鳥時代にはかなりのところまで固まっておった。天皇のまわりを貴族たちが固めて政治を行い、日本全土は数十個の「国」に分けられて、現在でも民間ではこの時代に決められた国名が使われることがある。

つまり日本神話のことを知ることができれば、21世紀現在の日本という国が、どのように成長して現在の形になったかを知ることができるのだよ。

日本神話の舞台はどこ?

日本の神話には、あなたたち日本人が住んでいる日本列島のほかにも、神様が住んでいる世界とか、亡くなった人が行く世界があるの。どんな世界があるのか簡単にまとめてみたよ〜。

常世国《とこよのくに》
海の向こうにあるという異世界。葦原中国や高天原での仕事を終えた神々は、常世の国に渡って静かに暮らします。
高天原《たかまのはら》
最高神アマテラス(➡p58)配下の神々が住む世界です。その所在地ははっきり示されていませんが、天の上にあるという解釈が一般的です。
綿津見宮《わだつみのみや》
海の神が住む宮殿です。多くの神話では海底にあるとされます。
葦原中国《あしはらのなかつくに》
われわれ人間が住む日本列島は、日本神話では「葦原中国」という名前で呼ばれます。
黄泉国《よみのくに》
葦原中国の下にある地下世界です。日本神話では、神も人間も善人も悪人も、死んだ者はみな黄泉国で暮らします。
根堅洲国《ねのかたすのくに》
悪霊や邪鬼が住む異世界で、地下または海底、海の彼方にあるといいます。黄泉国と同じものだする説もあります。

日本神話の主役は誰?

日本神話は、神と人間の物語だ。神の一族には大きく分けて「天津神」と「国津神」の２種類がある……が、日本神話では神と人、天津神と国津神の区別はあいまいでな、どちらともつかん者も多いのだ。

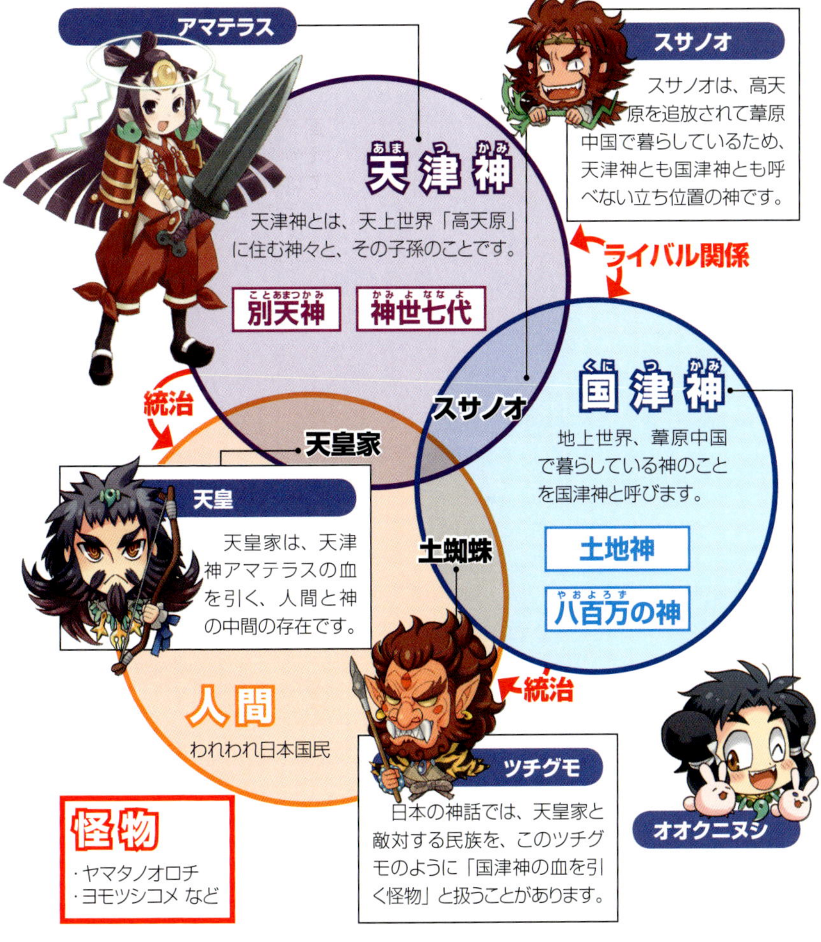

アマテラス
スサノオ
スサノオは、高天原を追放されて葦原中国で暮らしているため、天津神とも国津神とも呼べない立ち位置の神です。
天《あま》津《つ》神《かみ》
天津神とは、天上世界「高天原」に住む神々と、その子孫のことです。
別天神《ことあまつかみ》
神世七代《かみよななよ》
ライバル関係
国《くに》津《つ》神《かみ》
地上世界、葦原中国で暮らしている神のことを国津神と呼びます。
土地神
八百万《やおよろず》の神
統治
スサノオ
天皇家
天皇
天皇家は、天津神アマテラスの血を引く、人間と神の中間の存在です。
土蜘蛛
統治
人間
われわれ日本国民
ツチグモ
日本の神話では、天皇家と敵対する民族を、このツチグモのように「国津神の血を引く怪物」と扱うことがあります。
怪物
・ヤマタノオロチ
・ヨモツシコメ など
オオクニヌシ

日本神話ってどこにあるの？

10ページでも話したけれど、神話について話そうとすると、「けっきょく日本神話ってどれのことなの？」っていう問題が出てくるわけ。そろそろわかりやすい答えを教えないとね。『古事記』『日本書紀』『風土記』に書かれている神話が、正統な日本神話よ！

この3冊が“日本神話”だ!

学術的に「日本神話」とは、以下の3種類の資料で紹介されている神話のことを指します。なかでも『古事記』と『日本書紀』の神話は、世界の誕生から（資料完成時の）現代付近までを描いた、つながりのある物語です。そのためこの2冊に書かれている神話は、両文献の末尾の文字をとって「記紀神話」と呼ばれます。

記紀神話

国内向けの歴史読み物
古事記《こじき》
日本最古の歴史書にして神話物語。ひと続きの読み物形式になっているのが特徴です。

対外アピールを考えた正統歴史書
日本書紀《にほんしょき》
『古事記』とほぼ同時期に作られた歴史書。中国の正式な歴史書に似せた作りです。

地方の文化と神話の宝庫
風土記《ふどき》
地方の名産、地名、文化をまとめた本。「○○国風土記」という題名で、地方別に数十種類あります。

これ以外に各地方の土着神話などもあるが、それは「天皇を中心とする日本国の成り立ち」とは関係がないうえ、ほかの神話との整合性がとれておらん。そのため、朝廷の命令でまとめられた神話のみを、日本の正統な神話と考えるのだ。

つまり、日本の神話を知りたければ、とにかく『古事記』と『日本書紀』、ついでに『風土記』をチェックすればいいってわけですね。
3つだけなら、なんとかなるなる！　やるぞ～！

3つの「日本神話」はどう違う?

実際に本の中身を読みに入る前に、ちょっとブレイク。
まずは3つの文献がどう違うのかを、簡単でいいから知っておくと、このあとの話がわかりやすくなるよ!

3つの「日本神話」の内容

古事記《こじき》(➡p156)

成立:712年
文体:日本漢文体
想定読者:
天皇家
国内の有力者

天皇家の支配の正当性をアピールするためにまとめられた、読み物形式の歴史書。

世界の誕生から、推古天皇(628年崩御)までつながる歴史が語られています。

日本書紀《にほんしょき》(➡p160)

成立:720年
文体:漢文体
想定読者:
外国の有力者
国内の有力者

日本の文化レベルを内外に示すために作られた、中国風の構成の歴史書。

世界の誕生から、持統天皇(703年崩御)までの日本の歴史が語られています。

風土記《ふどき》(➡p130)

成立:720〜740年ごろ
文体:漢文体
想定読者:
国内の政治家

朝廷が地方の事情を知るため、地方の役所に命じて作らせた報告書です。

内容は各地方の地理、特産品、地名の由来のほか、多くの神話も掲載されています。

日本神話では、同じ神様が『古事記』と『日本書紀』の両方にいますが、微妙に特徴が違うということが多いんです。ここからは特に言っていないかぎり、アマテラス様は『古事記』の神話をもとにお話しされるそうですわ!

この本で紹介する女神について

日本の神話ってなんなのかわかってもらえたところで、次は「どういう女神を紹介するのか」「どんな順番で紹介するのか」を説明しておかなきゃね。
こんな方針で、日本の神話の女神を紹介するよ！

本書のカラーページでは、女神たちがもっとも「神らしい」活躍を見せていた時代として、世界の創造から、日本の初代天皇である「神武天皇」が即位するまでの物語に登場した神を紹介します。また、それぞれの女神は、登場時期や活躍時期を基準に、時代順に並べて５つに分類しています。

この本の章立ては「時代順」

1 天地《てんち》開闢《かいびゃく》 ➜p19
日本神話の世界が誕生してから、日本の国土が生まれるまでの神話に登場した女神です。

2 国産み、神産み ➜p29
イザナギとイザナミが国土と神々を産んだあと死別し、イザナミが隠れるまでに生まれた女神です。

3 高天原神話 ➜p65
日本の最高神アマテラスと、弟スサノオの対立にまつわる物語群に登場する女神たちです。

4 国作り、国譲り ➜p91
国津神の首領オオクニヌシを主人公、葦原中国を舞台にした神話に登場する女神たちです。

5 天孫降臨、神武東征 ➜p109
太陽神アマテラスとその子孫を主人公にした神話群に登場する女神たちです。

6 風土記 ➜p129
この章だけは『古事記』『日本書紀』の神話ではなく、『風土記』に登場する地方の女神を紹介します。

神武天皇が即位したあとの女神をカラーページで扱わんのは、この時代に登場する女神の性質が、人間に非常に近くなっているからだ。神武天皇即位後の女神について知りたければ、145 ページからはじまる「女神小事典」を見るといい。

この本の読み方

まろん様、これから日本神話に登場する女神の皆様を、ご紹介していきます。それぞれの女神様たちのお名前などについてデータ欄にまとめましたわ。読み方を理解しておいてくださいね！

データ欄の見かた

太いのと長いの、どっちが欲しいの？

コノハナノサクヤビメ&イワナガヒメ

記：木花之佐久夜毘売、紀：木花開耶姫命／記：石長比売、紀：磐長姫

データ欄に書かれている情報は以下のとおりです。

記　：『古事記』での女神の漢字表記です。
読みが通常と違う場合、カッコ付きで読みを書き出します。

紀　：『日本書紀』での女神の漢字表記です。

別　名：ほかの読みとまったく異なる別名がある場合は、特に有名な別名を表示します。

出　典：『古事記』『日本書紀』以外だけに登場する女神の場合、この女神が登場する原典の名前を表示します。

あれ、歴史書には、神様の名前って漢字で書いてあるのに、カタカナメインで紹介するんですか？

そうよ〜？　だって神の名前の漢字表記って、『古事記』と『日本書紀』でぜんぜん違うし、そもそも漢字がぎっしりじゃ読みにくいもの。

無論、神の名の漢字表記も気になるだろうから、データ欄に『古事記』『日本書紀』両方での漢字名を記載しておる。よりくわしく女神のことが知りたくなったのなら、参考にするがよかろう。

それから、日本ではお姉さんたち神の数を数えるときは、１人、２人とか１名、２名じゃなくて、１「柱」、２「柱」って数えるのが作法だよ。柱って呼ぶのは、むかし、先祖の神を呼ぶために柱を立てて儀式をしていたことの名残らしいね。

萌える! 日本神話の女神事典　目次

Column

天地開闢《てんちかいびゃく》

日本神話の物語は、まだ日本列島も人間も生まれる前、世界に神々すらいなかった時代から始まります。
なにもない世界に、神が次々とあらわれては消えるという繰り返しによって、だんだんと世界の形が定まってゆくのです。
この章では日本神話のはじめのはじめ、天地開闢の神話に登場する女神を紹介します。

illustrated by とんぷう

イザナミ

5分でわかる日本神話①
この世界ができるまで

さーて、まずはこの世界ができた経緯、天地開闢の神話を説明しようね。この世界って、最初はもやもやーっとしたものだけでできてたの。そこに神が生まれて消えることで、だんだん世界の形になっていくんだねー。

はー、世界を作ったのって、イザナギ様とイザナミ様だと思ってました。そういえばイザナギ様たちは「矛で海をかき混ぜた」んだから、海を作った神様がいるわけですわね……盲点でした。

まず……
5柱の“別天神《ことあまつかみ》”が出現!

日本神話の物語は、もやもやとした不定形の世界が「天と地」のふたつに自然に分かれるところから始まります。

その後、世界には5柱の神が順番にあらわれ、何をしたかも定かでないまま「隠れて」しまいました。

この5柱の神のことを「別天神《ことあまつかみ》」と、なかでも最初の3柱のことを「造化《ぞうか》の三神」と呼んでいます。

別天神の名前の意味は?

5柱の別天神の名前は、天地開闢で果たした役割や、世界の状態を表現したものだと考えられています。

- 天之御中主神《あめのみなかぬしのかみ》……天の中央にいる最高神
- 高御産巣日神《たかみむすひのかみ》……偉大なる生成の力
- 神産巣日神《かみむすひのかみ》……神々しい生成の力
- 宇摩志阿斯訶備比古遅神《うましあしかびひこぢのかみ》……葦のように伸びる生命力
- 天之常立神《あめのとこたちのかみ》……天空世界は安定した

“別天神”は出て消えただけ!?

別天神

造化の三神

○天之御中主神《あめのみなかぬしのかみ》
➡ すぐ「身を隠し」てしまう
○高御産巣日神《たかみむすひのかみ》
➡ すぐ「身を隠し」てしまう
○神産巣日神《かみむすひのかみ》（➡p22）
➡ すぐ「身を隠し」てしまう

↓

クラゲのような国土が完成

↓

○宇摩志阿斯訶備比古遅神《うましあしかびひこぢのかみ》
➡ すぐ「身を隠し」てしまう
○天之常立神《あめのとこたちのかみ》
➡ すぐ「身を隠し」てしまう

ちなみに「隠れる」っていうのは、神話の表舞台から消えること。死んだわけじゃないよ!

次に……

7組12柱の“神世七代”が登場

天地開闢で神は何をしたのか、と言われると、答えるのは難しい。なにせ、神話にはこれらの神々がどのような事業を行ったのかがまったく書かれておらんのだ。お名前から想像すること程度ならできるのだがな。

別天神の次に生まれた、7世代12柱の神々を「神世七代《かみよななよ》」と呼んでいます。

神世七代の果たした役割は定かではありません。一説によれば、それまで単独で活動していた神々が、男女の性別に分かれ、夫婦で子供を作る準備が整っていくことを表現したものだといいます。

また、神世七代の神々の名前は、雲、泥、発芽、凝固などを意味することから、安定した国土を作るための準備が徐々に整ってきたことを表現したものだという解釈も有力です。

独神《ひとりがみ》とは?

別天神の5柱と、神世七代の最初の2柱の神は、世界から単独で生まれた神です。このような神のことを「独神《ひとりがみ》」と呼んでいます。独神は性別がない存在だとされることが一般的ですが、男性神または女性神とされる神もいます。

神世七代の女神が生まれた順番

別天神、造化の三神

↓

神世七代の12神

性別のない2神

男性神	女性神
	スヒジニ
4柱の男神	イクグイ
	オオトノベ
	アヤカシコネ
イザナギ	イザナミ

スヒジニ～アヤカシコネ→p24

イザナミ→p26

神世七代の最後のペアとして、イザナギ父さんとイザナミ母さんが生まれたことで、ようやく本格的な世界創造がはじまるのよ!

『日本書紀』では……?

『日本書紀』には、『古事記』の天地開闢に相当する神話が7種類あるが、どれも別天神や神世七代に相当する神の名前、順番、数が違っておる。ちなみに冒頭でアマテラスが言っていた「もやもやした世界」というのは『日本書紀』に近い表現だ。『古事記』には、神の登場以前の世界がどうだったかは書かれておらん。

ひとりぼっちの女神様

カミムスヒ

記：神産巣日御祖命（かむむすひのみおやのみこと）、紀：神皇産霊尊

世界を作ったはじめの女神

日本列島を作った神として知られるイザナギとイザナミが生まれる前、この世界には「別天神《ことあまつかみ》」と呼ばれる５柱の神が順番にあらわれては消えていた。なかでも最初に出現した３柱の神のことを「造化《ぞうか》の三神《さんしん》」と呼んでおり、カミムスヒはこの「造化の三神」のなかで最後に世界に出現した神である。

一般的に、別天神は性別のない神だとされることが多いのだが、カミムスヒは、のちの神話で「カミムスヒミオヤノミコト」と呼ばれており、ミオヤ（御祖）とは女性につける美称なので、女神だとする説があるのだ。また造化の三神のうち、カミムスヒの前に出現したタカミムスビ（高御産巣日神）という神は、カミムスヒの夫だと解釈されることもある。

そもそもカミムスヒの“ムスヒ”とは、「むす（生成する）」と「ひ（神の霊）」を合成した言葉で、カミムスヒが創造神であることを表現した名前である。これは対になるタカミムスビも同様であり、最初の神「アメノミナカヌシ」とともに生まれた日本神話の世界は、男女の創造神によって成長したともいえるのだ。

こどもを落としたうっかり母さん

造化の三神は、神話ではいずれも、次の神が出現する前に「隠れた」ことになっている。一般的に「隠れる」とは、身分の高い人が死ぬことを意味するのだが、神々の場合は、神話の表舞台にあらわれなくなる、という程度の意味である。

「天地開闢」の神話によるとカミムスヒは「独神《ひとりがみ》」で、本来は他の神と関わりを持たないはずなのだが、のちの神話ではかなりの活躍を見せている。

「高天原神話」（➡p66）でスサノオが追放され、穀物の女神オオゲツヒメ（➡p42）を斬り殺したとき、彼女の死体から生まれた穀物を集めたのはカミムスヒである。「国作り神話」の主人公であるオオクニヌシが殺されたとき、彼の母親の願いを聞いて治療の力を持つ女神を差し向けた（➡p94）のもカミムスヒだった。そしてオオクニヌシの相棒で、一寸法師伝説の原型になった小柄な神「スクナビコナ（➡p190）」は、カミムスヒによれば「私の手のひらからこぼれおちた子供」なのだという。カミムスヒは表舞台から「隠れた」あとも、スサノオたち出雲の神々を見守りつづけていたのだ。

カミムスヒ様は、誕生してすぐに「隠れて」しまわれたのに、日本神話にはこの神様の子供がたくさんいらっしゃいます。いつのまに子供を作られたんでしょう？

illustrated by きゃっとべる

4柱がかりで舞台設定

スヒジニ&イクグイ&オオトノベ&アヤカシコネ

記：須比智邇神、紀：沙土煮尊／記：活杙神、紀：活檝尊（いきぐいのみこと）／記：大斗乃辧神、紀：大苫邊尊／記：阿夜訶志古泥神、紀：吾屋惶尊

世界を整えた4柱の女神

日本神話で語られる世界創世の神話「天地開闢」では、分かれたばかりの天と地以外になにもない世界に、神々が次々と出現してはどこかに隠れるということが繰り返されていた。当初、神々は一度に1柱ずつあらわれ、ほかの神と出会うことのないままどこかに隠れていたので、後世の人々はこれら初期の神々を「独神《ひとりがみ》」と呼んでいた。だが神々が世代を重ねるうちに、世界からは単独の神ではなく、男女1柱ずつの神が同時に出現するように変わっていったのだ。ただし、初期の男女の神は男女で結婚することもなく、2柱だけで一緒に過ごしたあと、独神と同じようにどこかに隠れてしまっている。

このページで紹介する4柱の女神は、いずれも日本神話のごく初期に出現した「神世七代」と呼ばれる神々で、男女一組で世界に出現したものの、結婚することもなく隠れてしまった4組8柱の神々のうち女の性別を持つ4柱である。

神世七代の名前の意味は

先に生まれた女神から順番に神々の名前の意味を説明していくと、スヒジニは『日本書紀』では沙土煮尊と書き、天地が泥や砂の混じった混沌とした状態たっだことをあらわしている。イクグイは活檝尊と書き、生命（活）が芽生えたことを意味している。オオトノベは大苫辺尊と書き、柔らかかった大地が完全に固まったことを意味している。最後のアヤカシコネは、「あやにかしこし」、つまり“完成した”ことをあらわす名前である。4組の神があらわれては消えたことで、不完全だった日本神話の世界が完成し、日本の国土を産むことになるイザナギとイザナミが活躍する舞台が整ったことをあらわしていると思われる。

なお、ここで紹介した4柱の女神の対になる男神の名前は以下のとおりだ。

■神世七代の対になる4男神

名前	漢字名（古事記）	対応する女神
ウヒジニ	宇比邇神	スヒジニ
ツヌグイ	角杙神	イクグイ
オオトノジ	意富斗能地神	オオトノベ
オモダル	淤母陀琉神	アヤカシコネ

アヤカシコネ様は、山伏で有名な山岳宗教「修験道」で信仰されておる。神世七代の6代目であるから、「第六天魔王」なのだそうだ。そう、かの織田信長が自称した「第六天魔王」はこの神様なのだよ。

illustrated by U介

みんなのママはアンラッキー
イザナミ

記：伊邪那美神、紀：伊弉冉　別名：黄泉津大神（よもつおおかみ）、道敷大神（ちしきのおおかみ）

日本の大地を産んだ女神

別天神《ことあまつかみ》が生み出し、神世七代《かみよななよ》が形作った日本神話の世界。その最後を締めくくるのが、神世七代の神々のなかで最後に生まれた男女、イザナギとイザナミである。この 2 柱の神は、はじめて男女で結婚した神であり、はじめて子供を作った神であり、日本列島を作った神なのだ。

正式な日本神話では、世界の最初に生まれた創造神は、造化の三神の「アメノミナカヌシ」なのだが、これらの神々にはわかりやすい業績がないため、イザナギとイザナミが実質的な日本の創造神として信仰と尊敬を集めている。

イザナミおよびイザナミという名前は、「誘《いざな》う」という単語から派生したもので、パートナーを夫婦の営み、つまりは性行為に誘うという意味がある。イザナギとイザナミのもっとも大事な特徴が「神話上初めての夫婦神」だということが、名前からもうかがい知ることができる。

イザナギとイザナミの結婚

イザナギとイザナミが日本の国土を作った神話を「国産み神話」という。

『古事記』によればイザナギとイザナミは、別天神たちからふわふわと漂っていた大地を完成させるよう命令を受けた。そこで天浮橋《あめのうきはし》という場所から、天沼矛《あめのぬぼこ》という矛を海中に突き込み、大地をかき混ぜはじめた。すると、穂先からしたたり落ちたものが「オノゴロ島」という島になった。

2 柱の神は、このオノゴロ島に降り立つと結婚の儀式を始める。天御柱という岩のまわりを両者が逆向きに回り、出会ったところで妻のイザナミが「何といい男なのでしょう」と言い、次に夫のイザナミが「何といい女なのだ」と言い、神々は性行為を行って子供を産んだ。だがこの儀式の手順には間違いがあり、女性のイザナミから声を掛けて結婚していたため、結婚と出産は失敗に終わる。そのため生まれたのはヒルコ（➡p188）とアハシマいう不完全な神だった。

別天神たちから儀式の間違いを教わったイザナギとイザナミは、こんどはきちんとイザナギから声を掛けることで結婚に成功し、まず日本列島の島々を、次に多彩な神々を産んだのである（➡p30）。

だが、神々を産む「神産み」の途中、イザナミは火の神ヒノカグツチを産んだために火傷を負って病気になり、そのまま命を落としてしまう。ここを境目に、仲のよかったイザナミ夫婦の関係に、二度と修復できない亀裂が生まれてしまったのだ。

illustrated by はんぺん

イザナミの死とその後

死んだイザナミを忘れられないイザナギは、死者の世界である黄泉の国に行ってイザナミを連れ戻そうとする。イザナミは黄泉の神にうかがいを立てるのだが、そのあいだに醜く変わり果てた自分の姿をイザナギに見られてしまう。このときイザナミの体は、体中にウジ虫が沸き、8 柱の雷神が体にまとわりついているという、神というよりも妖怪のような外見となっていたのだ。

恥ずかしい姿を目撃されたイザナミは怒り、逃げるイザナギを黄泉の怪物に追いかけさせるが、イザナギはこれをなんとか乗り切って、黄泉の国の入り口に「千引きの岩」という岩を置いてイザナミが出てこられないようにした。復讐の機会を失ったイザナミは「これから毎日1000人の人間を殺す」と呪いの言葉を吐き、その後も黄泉で暮らすことになった。このためイザナミは黄泉の神という意味で「黄泉津大神《よもつおおかみ》」と呼ばれるようになったのである。

神話上最初の結婚は、夫と妻の死産による死別や、永遠の別れという悲しい結末をもたらした。しかしその成果は、豊かな日本列島と多くの神々として今も日本を支えている。イザナミはたしかに、この日本を産んだ母なのである。

イザナミ信仰のその後

現代でもイザナミは国土と神々を産んだ母神として信仰を集めているが、一方で、縁結びの神としても信仰されている。離婚と別居をすることになった夫婦神への信仰としてふさわしいか疑問に思うところだが、はじめて結婚した神に結婚の成功を祈るというのは自然なことといえるだろう。

イザナミ信仰の中心となっているのが、近江《おうみ》国（現在の滋賀県）にある多賀神社である。『古事記』には、神産みを終えたイザナギは多賀の地で身を隠したという記述がある。夫であるイザナギを祀るならば妻のイザナミも祀るのが当然ということで、多賀神社はイザナギ、イザナミ両方を信仰する神社となっている。

室町時代以降、各地の人の移動が活発になると、全国の主要な神社は宣伝戦略を駆使して、自分の神社に参拝客が集まるよう競争をした。その中心になったのが「一生に一度はお伊勢参りをするべき」という流行になった伊勢神宮だが、多賀神社も「お伊勢参らばお多賀へ参れ、お伊勢お多賀の子でござる」という歌を流行させ、伊勢神宮のアマテラスがイザナギの子であるという縁から、伊勢神宮への参拝客が多賀神宮にも足を運ぶようにしたという。

また、日本中に存在する神々の多くはイザナギとイザナミの子だから、多賀神宮にお参りすれば、その子供である諸神の加護を受けられるとされていた。歴史に名高い近江商人たちは、多賀神宮に参拝してから全国に行商の旅に出かけたという。

はーい注目～！　イザナミママが死後に移住した死者の世界「黄泉」への入り口は、島根県にあるって説があるよ！
くわしくは 64 ページでチェックしてみてね。

国産み、神産み

天地開闢神話の最後に産まれた夫婦神、イザナギとイザナミは、はじめて男女で結婚した神であり、はじめて子供を産んだ神でした。

我々の住む日本の島々は、この一組の夫婦神の子供として産み落とされたものなのです。

イザナギとイザナミが島々や神々を産む神話は、国産み神話、神産み神話と呼ばれています。

illustrated by とんぷう

オオゲツヒメ

5分でわかる日本神話②
日本列島の誕生！

さあ、いよいよ日本神話のお話が本格的にはじまるね！
ここから紹介する神話は、お姉さんとヒノカグツチ兄さんの両親、イザナギパパとイザナミママが、日本列島とそれを守る神々を産んだお話だよ。

この「国産み、神産み」神話では、不本意ながらワシが重要な立ち位置におるから、ワシから説明しよう。
神話の序盤は、我らの両親が日本の国土を作る物語だ。父母はまず海をかきまぜてオノゴロ島という小さな足場を作り、そこで結婚して日本列島を「出産」されている。

後半の神産み神話は、３つの段階に分かれている。まずはわが両親が、神々を順番に産んでいく。２番目は、我が母イザナミがワシを産んだために亡くなってしまう。３番目は、亡くなった我が母を追いかけて黄泉に降った父イザナギが、黄泉から逃げ出し、ひとりで神を産む物語だ。

国産み、神産み神話の流れ

国産み

- **オノゴロ島**：イザナギとイザナミは、海に小さな島を生み出し、結婚と子作りに挑戦します。
- **大八島の誕生**：何度かの失敗のあと子作りに成功、イザナミは日本列島の島々を産み落とします。

神産み

- **神々を出産**：国土を生み終わったふたりは、次に家屋や自然の神々を産んでいきます。
- **イザナミの死**：イザナミは、火の神を産んだときに火傷で死亡し、黄泉の国に行ってしまいます。
- **イザナギの黄泉行**：イザナギは黄泉の国から妻を連れ戻すのに失敗し、黄泉の穢れを洗い流す過程で多くの神を産みます。

神話の主役は次世代へ

日本の国土は夫婦神の子供だった!

まろん、カグヤ、君たちが立っているこの日本の国土、誰が作ったか知っているか？　この大地は、すべて我が両親、イザナギとイザナミが産み落とした、夫婦の子供なのだ。

国産みで産まれた8つの主要な島と、古事記での名前

『古事記』では、イザナミは 14 の島を産んだとされています。そのうち本州、九州、四国など（図参照)、主要な８つの島のことを「大八島《おおやしま》」と呼んでいます。

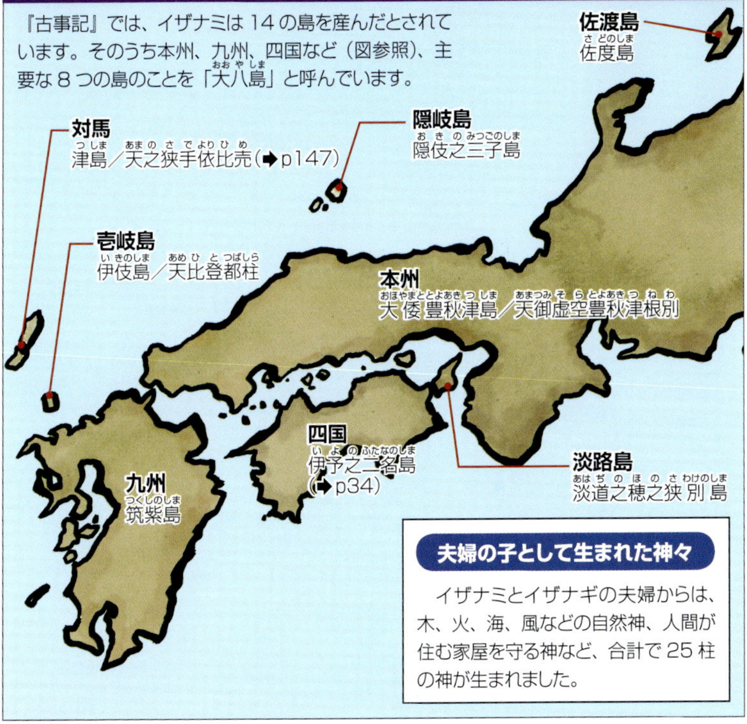
佐渡島
佐度島《さどのしま》
対馬
津島《つしま》／天之狭手依比売《あまのさでよりひめ》(➡p147)
隠岐島
隠伎之三子島《おきのみつごのしま》
壱岐島
伊伎島《いきのしま》／天比登都柱《あめひとつばしら》
本州
大倭豊秋津島《おほやまととよあきつしま》／天御虚空豊秋津根別《あまつみそらとよあきつねわ》
四国
伊予之二名島《いよのふたなのしま》
(➡p34)
淡路島
淡道之穂之狭別島《あはぢのほのさわけのしま》
九州
筑紫島《つくしのしま》

夫婦の子として生まれた神々

イザナミとイザナギの夫婦からは、木、火、海、風などの自然神、人間が住む家屋を守る神など、合計で 25 柱の神が生まれました。

日本列島って、イザナギ様とイザナミ様が海をかき混ぜて作ったものだと思ってました！
日本列島そのものも、おふたりの子供だったんだー！
つまり私たち日本人は、おふたりの子供の上に立って暮らしているんだね～♪

ところでみんなー、この地図見て違和感感じなかった？　実は、パパとママが産んだ島のなかには、北海道と沖縄は含まれてないの。当時の日本人にとって、まだ北海道と沖縄は異国だったんだね～。

神は死んでも神を産む!

パパとママは順調に土地と神を産んでいたんだけど、ヒノカグツチ兄さんを産んだときに、ママが火傷をして亡くなっちゃうの。
なにせ兄さんの体は、全身が炎に包まれてるからね……。

イザナミの死の直前に産まれた神々

嘔吐物から……

・金山毘古神《かなやまびこのかみ》
・金山毘売神《かなやまびめのかみ》（➡p50）
※ どちらも鉱山の神

大便から……

・波邇夜須毘古神《はにやすびこのかみ》
・波邇夜須毘売神《はにやすびめのかみ》（➡p46）
※ どちらも土の神

尿から……

・彌都波能売神《みつはのめのかみ》（➡p48）
・和久産巣日神《わくむすひのかみ》
※ どちらも水の神
さらにワクムスヒの子として、
・豊宇気毘売神《とようけびめのかみ》（➡p62）

イザナギの涙から……

・泣沢女神《なきさわめのかみ》（➡p52）
※ 湧き水の女神

ヒノカグツチを斬った剣についた血から……

切っ先から垂れた血が変化して……

剣の神
石折神《いはさくのかみ》
根折神《ねさくのかみ》
石筒之男神《いはつつのをのかみ》

刀身の根元から垂れた血が変化して……

武勇の神
甕速日神《みかはやひのかみ》
樋速日神《ひはやひのかみ》
建御雷之男神《たけみかづちのをのかみ》

柄から垂れた血が変化して……

水の神
闇淤加美神《くらおかみのかみ》
闇御津羽神《くらみつはのかみ》

ヒノカグツチの遺体から……

山の神　8柱の“山津見神《やまつみのかみ》”

多くの神々を産んだ我が母は、死の床にあって、なお神を産んでおられる。我が父は母の死に怒り、その原因となったワシを剣によって成敗なされた……このように、男女のまぐわいによってではなく、神の特別な行動によって新たな神が生まれるのが日本神話の特徴といえよう。

水浴びしたら神が出た！

死んでしまったイザナミママを連れ戻すため、黄泉国へ行ったイザナギパパだけど、作戦は残念ながら失敗。でも川で黄泉国のケガレを洗い流すときに生まれたのがこのお姉さん、アマテラスなのだ！

イザナギの禊ぎで生まれた神々

脱いだ衣服や装飾品から……
12 柱の神

黄泉の穢れから……
2 柱の“禍津日神《まがつひのかみ》”

禍津日神の禍を直すときに……
3 柱の神

顔を洗ったときに……
左目から：天照大御神《あまてらすおおみかみ》（➡p58）
右目から：月読命《つくよみのみこと》（➡p188）
鼻から：建速須佐之男命《たけはやすさのおのみこと》（➡p172）
➡三貴子（みはしらのうずのみこ）

川の水の底、中層、表層で身を清めたときに……
2 柱ずつ、合計 6 柱の海神

黄泉国に行ったイザナギ様とイザナミ様のあいだに何があったのか、くわしいお話を 170 ページで紹介していただきました！　まろん様、あとで読みに行きましょうね♪

日本書紀での国産みと神産み

『日本書紀』の国産み神話と神産み神話では、我が父イザナギが黄泉国に行くくだりがすべて削除されておる。よってワシは我が母イザナミから無事に出産されておるし、アマテラスは父上が単独で産んだのではなく、両親の子として母から生まれておる。ワシとしては、この『日本書紀』のほうの神話が正統だとありがたいのだが。

今も息づく女神の名前

エヒメ

記：愛比売命、紀：登場せず

県の名前になった女神

四国にある４つの県のうち、北西部に位置する愛媛県。全国的にはミカンの名産地として知られるこの県の名前が、実は神様の名前からとられていることをご存じだろうか？　愛媛県の由来となった女神は、ずばり「エヒメ」という。全国 47 都道府県のなかでも、神様の名前を県名としているのは、この愛媛県だけである。

エヒメとは、文字どおり「愛すべき女性」または「美しい女性」を意味する名前である。彼女は愛媛県そのものの守り神で、現在でも地元である愛媛県の「伊豫神社」「伊豫豆比古神社」などで祀られている。

四国となった神「イヨノフタナノシマ」

現在では単独の女神として信仰されているエヒメだが、神話を見てみると、初めて登場したときの姿はかなり異質なものだった。

『古事記』に書かれた神話によると、日本列島の産みの親であるイザナギとイザナミが、正しい結婚をして最初に産んだ子供は、大阪と四国のあいだにある大きな島「淡路島」だった。そしてその次に、「イヨノフタナノシマ」（伊予之二名島）という、島にして神という存在を産み出した。このイヨノフタナノシマは “ひとつの体に４つの顔がある” 神であり、エヒメは４つある顔のひとつに過ぎなかったのだ。

残りの３つの顔にもそれぞれ名前と特徴がつけられており、この４つの顔がそれぞれ現在の四国４県に対応している（下の表を参照）。４柱の神のなかでは、徳島県と対応しているオオゲツヒメ（➡p42）が、死体からさまざまな食料を産んだ神として特によく知られている。

ひとつの体に４つの顔で生まれた神々がどうして単独の神として信仰されるようになったのか、その理由は定かではない。

■イヨノフタナノシマにある４つの顔

名前	性別	対応する県	特徴、名前の意味
エヒメ（愛比売命）	女神	伊予国（愛媛県）	愛すべき女性、美しい女性
タケヨリワケ（建依別）	男神	土佐国（高知県）	勇猛な男性、美しい男性
オオゲツヒメ（大宜都比売神）	女神	阿波国（徳島県）	食物の女神（詳細は p42 参照）
イイヨリヒコ（飯依比古）	男神	讃岐国（香川県）	食物を守る神

「伊予之二名島」っていうのは、伊と予の２個の名前を持つ島って意味みたいだけど、愛媛県の昔の名前は「伊予国」……ねえ、四国全部の名前を、なんで伊予国だけがひとりじめして使ってるの～ !?

illustrated by ぐらしおん

国土の次はおうちを作りましょ！

イワスヒメ

記：岩巣比売神、紀：登場せず

人間のすみかを造る神々

イワスヒメは、「国産み」の神話が終わった直後に生まれた砂の女神である。彼女は「家宅六神」という６柱の神の１柱で、家屋を作り、守る神とされている。

イザナギとイザナミの夫婦神は、結婚によって日本列島の島々を産み終わると、国土や暮らしを豊かにするための神を産み始めた。最初に産んだのはオホゴトオシオという神で、これは「国産みという大仕事が終わった」という意味の名前だとされている。次に産んだのが「家宅六神」で、この６兄弟唯一の女神が、２番目に生まれたイワスヒメなのだ。家宅六神を産み終わったイザナミは、次に風の神、海の神など自然の神々を産んでいく。国土を作った直後、まず家の神から産み始めるという順番には、家を重視する日本人の気質がうかがえて興味深い。

家宅六神の役割分担

イワスヒメたち家宅六神の名前は、家屋の材料や、家屋に関連するものだ。

長男：イワスヒコ（石土毘古神）……石と土の神
長女：イワスヒメ（石巣比売神）……砂の女神
次男：オオトヒワケ（大戸日別神）……扉の神
三男：アメノフキオ（天之吹男神）……屋根を作る神（屋根を“葺《ふ》く”）から
四男：オオヤビコ（大屋毘古神）……完成した屋根の守護神
五男：カザモツワケノオシオ（風木津別之忍男神）……家を暴風から守る神

つまり、土台を作り、壁を作り、扉を作り、屋根を完成させるという家作りの手順が、６柱の神の名前で表現されているのだ。

家宅六神の誕生は、国土作りの延長だとする説もある。国産みによって生まれた日本列島は、まだやわらかく頼りないものだったので、石、土、砂の神を産み出すことで、国土をしっかりと安定したした土台にしたというわけだ。

また別の説では、イワスヒメの巣という文字は、まさに文字どおり「巣」すなわちすみかを荒らす女神と解釈する。この場合のすみかとは家ではなく、動植物が足と根で踏みしめる地盤のことだ。つまりこの説だと、イワスヒメは、イザナミたちが産んだ柔らかくて不安定な大地を安定した大地に作りかえた女神となる。

アマテラス様ー！　漢字の名前「岩巣比売」が、どう見ても砂の女神には見えないです！　……え、古い文献に、砂のことを「巣」って書いていた例があるんですか？　なんかヘンな感じですねー。

illustrated by 桜木蓮

ケガレをゴックン！ 一発洗浄

ハヤアキツヒメ

記：速秋津比売神、紀：登場せず

汚れを飲み込む禊ぎと川の女神

ハヤアキツヒメは、ハヤアキツヒコという兄神とともに生まれた、河口の神である。名前の「ハヤ」は速い水の流れを意味し、「アキ」は開いている地形を、「ツ」は土地が海に突き出してる地形を意味する。つまり、ハヤアキツヒメおよびハヤアキツヒコは「川が開いて海に流れ込んでいるところ」、すなわち河口を治める神ということになる。2柱の神は水戸神《みなとのかみ》という別名も持っているが、この水戸とは現代風に書けば「港」となる。かつて日本では、港というものは川の河口に作られるのが常識だったため、河口の女神は港の女神でもあるのだ。

ハヤアキツヒメたち兄弟の両親は、イザナギとイザナミである。この夫婦は日本の国土を作った「国産み」を終えると、まず家屋の神である6柱の兄弟神（➡p36）、次に海神ワダツミ、そしてこの兄妹を産んでいる。人間の生活の基盤である家の神を真っ先に作ったあと、まず海の神、次に海に面した河口の神を産むあたりに、島国日本の価値観を見るようで非常に興味深い。

そして川は生活の場であると同時に、罪や汚れを落とす儀式の場でもある。神道で年2回行われる厄除けの行事「大祓《おおはらえ》」の儀式で唱えられる祝詞《のりと》では、川の上流の女神であるセオリツヒメが流した穢《けが》れを、ハヤアキツヒメが飲み込んで浄化することが語られている。ハヤアキツヒメは浄化の女神でもあるのだ。

川神の子供は海の神

神話の世界では、兄妹が結婚して子供を産むのは珍しくない。この女神も兄と結婚し、8柱の神を産んでいる。名前は順番に、アワナギ（沫那藝神）、アワナミ（沫那美神）、ツラナギ（頬那藝神）、ツラナミ（頬那美神）、アメノミクマリ（天之水分神）、クニノミクマリ（国之水分神）、アメノキヒザモチ（天之久比奢母智神）、クニノクヒザモチ（国之久比奢母智神）といいい、みな海に関係する神々である。河口の神から海神が生まれるのは、水の流れを考えれば自然なことといえるだろう。

このなかで明確に女神だと考えられるのは、アワナミとツラナミの2柱で、アワナミは海面の波が小さく泡立つ様子を、ツラナミのツラは「つぶら」につながるもので、アワナミの泡よりも大きな泡が立つ様子を、それぞれ神格化した存在だと思われる。

ハヤアキツヒメ姉さんとセオリツヒメは、ほかにイブキドヌシ、ハヤサスラヒメっていう神を加えて、「祓戸神（はらえどのかみ）」って形で信仰されてるよ。水を使ってケガレを消してくれるありがたい神様ね！

illustrated by 888

野原の草はわたしの子供

カヤヌヒメ

記：鹿屋野比売神、紀：草祖草野媛命（くさのおやかやぬひめのみこと）

野草の生命力を象徴する女神

家屋の神、海の神、川の神を産み出したイザナギとイザナミの夫婦は、ついに陸地で活躍する神々を産み始める。その１柱がこのカヤヌヒメだ。カヤヌヒメは野の神で、野の草のすべてを支配している。その霊力は、食卓に上がる野菜から、草花、雑草まで、野に生える植物すべてに及んでいる。

カヤヌヒメの名前の「カヤ」は、ススキのように細長い茎を持つイネ科の雑草の総称である。これらの「カヤ」植物は、茎に油分を含んでいるため屋根の材料に最適で、カヤを採取するための河川敷のことを「茅場《かやば》」と呼ぶなど、古くから人間の生活に利用されてきた。また、非常に生命力の強い植物であり、多少悪い環境であっても問題なく生育することから、儀式においてその生命力が評価されてもいる。例えば関東地方で行われている「新箸の祝」という儀式では、生のカヤの茎で作った箸で食事をするのだ。これらの理由から、野の植物を代表するものとして、この神にカヤの名前がつけられたと思われる。

『古事記』でのカヤヌヒメは、同じくイザナギとイザナミから生まれた兄弟である山の神「オオヤマツミ」と結婚して山野に関わる８柱の子供を産んでいるが、これ以外に神話のなかで活躍したという記述は見られない。

タバコと漬け物の女神

カヤヌヒメが本来守護するものは上のとおりだが、後世になると草や野菜に関連する加工品などを作る人々が、自分たちの製作物を守護する神として、カヤヌヒメを選び信仰するようになる。

愛知県の萱津《かやつ》神社では、カヤヌヒメは漬け物の神として祀られている。当時の人々は、時間がたっても腐らずに食べられる漬け物を、神からの贈り物として尊び、萱津神社の護符を万病快癒のお守りとして大事にしたという。

また、戦国時代に伝来したタバコもカヤヌヒメの守護対象である。茨城県の加波山《かばさん》神社の敷地内にある小さな社「たばこ神社」では、毎年９月５日に人間サイズのキセルにタバコをつめて火をつけ、数人がかりでかついで練り歩くという奇祭「たばこ祭」が行われ、タバコの豊作を祈願している。

なんでわざわざタバコの女神なんて役目があるのかというと、昔はタバコって薬だと思われてたから。頭痛とか咳とかいろんなものに効く万能薬なんだってさ……って、むしろ逆効果でしょ！

illustrated by 結城リカ

ただし穀物は××から出る！

オオゲツヒメ

記：大宜都比売、紀：保食神（うけもち）

身体から穀物を産んだ豊穣の女神

世界の各神話では、人間たちに大地の恵みを与える豊穣神は、どちらかというと男性神よりも女性神であることが多い。これは女性が子供を産むことと無関係ではないだろう。古代人にとっても、何もないところから有用な穀物や植物が生えてくる様子は、子供が母親の胎内から生まれる様子と同じくらい神秘的で、すばらしい奇跡に思えたであろうことは想像に難くない。

オオゲツヒメは日本神話に登場する豊穣と穀物の女神だ。名前の「オオ」は「多い」、「ゲ」は“あさげ”“ゆうげ”という単語からもわかるとおり食べ物を意味し、「ツ」は所有格をあらわす。つまり、オオゲツヒメとはたくさんの食べ物を所有する女神の意味で、彼女がおもに穀物、つまり米と五穀（粟《アワ》、稗《ヒエ》、大豆、麦、小豆）、および養蚕を守護する女神であることを表現している。

オオゲツヒメの名前が『古事記』の神話に初登場するのは、イザナギ・イザナミの国産みで生まれた、伊予之二名島（四国）が持つ４つの頭部のうち、阿波国（現在の徳島県）に相当する頭の名前である。なお、この阿波国の名前は、オオゲツヒメが穀物のひとつ、粟《アワ》の神であるところからついたという説が過去にあった。現在では阿波国の阿波は“泡”、すなわち国産みの舞台になった徳島県と淡路島のあいだにある鳴門海峡で生じる、海面の泡のことだというのが定説である。

最初の記述との関連は不明だが、国産みに続く神産みの神話で、イザナミとイザナギのあいだに生まれた多くの神のなかにオオゲツヒメの名前がある。また、神話のなかでオオゲツヒメは死ぬことになるのだが、彼女の死後の時代にとある神の妻としてふたたび登場している。すべてのオオゲツヒメが同一神格だという保証はないが、もしそうだとしたら彼女は２回生まれてから１回死に、また生まれたという希有な経歴を持つ女神ということになる。

オオゲツヒメが穀物の母になったわけ

オオゲツヒメは、生前から自在に穀物を生み出す能力を持つ女神だったが、死によって真に「穀物の母」となった。『古事記』には彼女が穀物の母となった経緯として、このような神話が語られている。

高天原で乱暴を働いて追放されたスサノオは、地上をさまよったのち、空腹のあまり倒れてしまった。スサノオに食べ物を与えて助けたのがオオゲツヒメなのである。だが、オオゲツヒメが料理を作るたびに、台所でなにやら怪しいことをしているのが

illustrated by 々仝

気にかかる。スサノオがそっと台所をのぞき見ると、オオゲツヒメは、料理の材料となる穀物を、自分の口や尻の穴からひり出していたのだ。
「なんと不潔なものを食べさせてくれたのだ」と激怒したスサノオは、その場でオオゲツヒメを斬り殺してしまう。

死んだオオゲツヒメの身体からは、髪からは蚕が、目からは粟《あわ》が、鼻からは小豆が、口からは稲が、女陰からは麦が、尻からは大豆が生えてきた。これをのちに別の神が拾い集めさせ、民に与えたのが穀物農耕の始まりだという。

もうひとりの穀物祖神「ウケモチ」

上で紹介したオオゲツヒメとスサノオの神話は『古事記』に掲載されたものだが、『日本書紀』にもほとんど同様の神話がある。こちらでは穀物の祖となった女神はウケモチ（保食神）と呼ばれている。

アマテラスは自分の弟であるツクヨミ（➡p188）に、ウケモチという神を見てくるように命じた。するとウケモチは、陸を向いて口から米を、海を向いて口から魚を、山を向いて口から獣を吐き出して、それでツクヨミをもてなそうとしたのだ。ツクヨミは『古事記』のスサノオと同様、口から出したものを食べさせるとは汚らわしいと怒り、ウケモチを斬り殺してしまった。ウケモチの死体からは、穀物と蚕だけでなく、農耕に役立つ牛と馬も生まれている。

なお、アマテラスはツクヨミがウケモチを斬り殺したことに激しく怒り、もう二度と会いたくないと言って避けるようになった。これ以降昼と夜は別れ、太陽と月は交互に空にあらわれるようになったのだという。

実は、このふたつの神話のように、殺害された者の死体から穀物が生まれるという神話は、東南アジア、太平洋、アメリカ大陸などに広く分布するおきまりのパターンで、ハイヌウェレ型神話と呼ばれている。これはイモ類などを地面に植えておくと芽が出ることから連想された神話だが、日本ではあまりイモを栽培しなかったので、米や粟《アワ》などが生まれる話になっていると思われる。日本の神話や文化の一部は、台湾や沖縄を通って南方からやってきたという説があるが、オオゲツヒメとウケモチの神話はそれを裏付ける証拠のひとつといえるだろう。

カタキの孫の妻になる

最初に説明したとおり、オオゲツヒメはスサノオに殺害されたあと、ある神の妻として神話に再登場する。夫の名前はハヤマトといって、スサノオの子供オオトシの子、つまり自分を殺したスサノオの孫なのだ。ハヤマトとオオゲツヒメのあいだには、四季をあらわす 8 柱の神が生まれている。農耕と季節に深い関係があるのは知ってのとおり。生まれ変わってもオオゲツヒメは農耕の女神なのである。

ハイヌウェレ型神話の元祖である、東南アジアの女神ハイヌウェレ様は、お尻から食べ物だけではなく、宝物や武器まで出せたそうです。お尻から武器……痛くないのでしょうか……。

日本の古い国名

現代では、わが国土は47個の都道府県に分けられておるそうだが、つい江戸時代までは、さらに細かく70個の“国”に分けられ、名前も現在の都道府県名とはまるで別の名前がつけられておった。神話には古いほうの国名ばかりが出てくるのでな。全部覚えるわけにはゆかんだろうが、ここにあげた国名だけでもうっすらと覚えておけば、神話の中身が理解しやすくなろうよ。

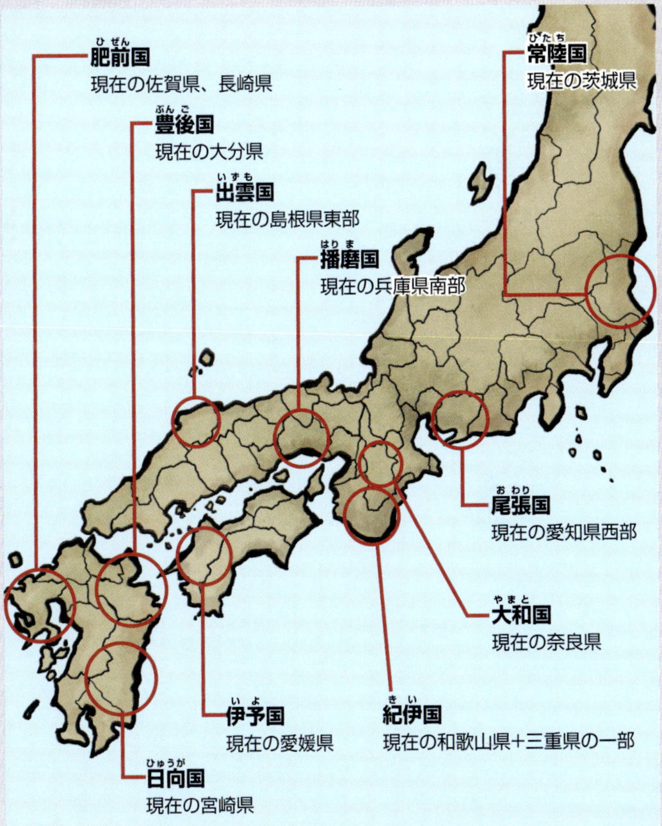

肥前《ひぜん》国
現在の佐賀県、長崎県
豊後《ぶんご》国
現在の大分県
出雲《いずも》国
現在の島根県東部
播磨《はりま》国
現在の兵庫県南部
常陸《ひたち》国
現在の茨城県
尾張《おわり》国
現在の愛知県西部
大和《やまと》国
現在の奈良県
伊予《いよ》国
現在の愛媛県
紀伊《きい》国
現在の和歌山県+三重県の一部
日向《ひゅうが》国
現在の宮崎県

アレって肥料になるんだよ

ハニヤスビメ

記：波邇夜須毘売神、紀：埴安姫尊（はにやすびめのみこと）、埴山媛尊（はにやまびめのみこと）

大便から生まれた女神

イザナギとイザナミの夫婦神が神を産んだとき、ヒノカグツチという火の神が産まれ、女性器をやけどしてしまったイザナミが苦しみながら命を落としたことを、28 ページと 32 ページで説明した。このときイザナミは、苦しみのあまり、吐瀉物を吐き、尿と大便を漏らしてしまったのだが、ここからも新しい神が誕生している。このページで紹介するハニヤスビメは、イザナミの屎《くそ》（大便）から生まれた女神で、同時に生まれたハニヤスビコという兄がいる。

ハニヤスビメとハニヤスビコは、土の神である。彼女たちがイザナミの大便から生まれたとされるのは、無論、大便が土の塊に似ているからだ。ちなみに名前の「ハニ」とは、歴史の授業でおなじみの「埴輪《はにわ》」のハニと同じ意味で、粘土をあらわす。

土は日本人の生活と密接に関わる、なくてはならないものだ。農業をするためには土を耕す必要があるし、縄文時代の「縄文式土器」や弥生時代の「弥生式土器」からもわかるように、古来から日本人は土を練って焼いた「土器」を主要な器として使っていた。現代でも、日本人の食事に欠かせない「陶器」または「磁器」の茶碗も、粘土を高温で焼いて作るものである。

これらの理由から、ハニヤスビメたち兄弟は、農業、陶器、磁器、土木建築という幅広い分野を守護する神としてあがめられている。特に陶芸の分野では、陶磁器は土を焼いて作ることから、火神ヒノカグツチと一緒に祀られている例が多い。

火神と土神の子供

『日本書紀』では、ヒノカグツチはイザナミから生まれた神だが、母イザナミを火傷で死に追いやったり、父イザナギに斬られることなく成長している。彼はこのハニヤスビメと結婚し、ワクムスヒ（稚産霊）という神を産ませている。この神は『古事記』にも登場するが、『古事記』ではミヅハノメ（➡p48）という神とともに、イザナミの尿から生まれた神だとされている。

ワクムスヒは、頭の上に蚕《かいこ》と桑、へそのなかに穀物の種がある神だ。ワクムスヒは穀物の生産に必要な、土の力と水の力が表現された神であり、土（ハニヤスビメ）から穀物が生まれるという普遍的な事実を、神の形で表現した存在でもあるのだ。

ハニヤスビメ様たちって、イザナミ様が亡くなる前に、苦しみながら産んだ神様ですよね？　そういう神様とヒノカグツチ様を一緒に祀っても大丈夫なんだ、よかった〜。仲が悪いんじゃないかと心配しましたー。

illustrated by ふゆ餅

おもらししたらデキちゃった！

ミヅハノメ

記：弥都波能売神、紀：罔象女（みつはのめ）

尿から生まれた水の女神

ミヅハノメは、火の神ヒノカグツチを産んだときの火傷がもとで、死の病にかかった瀕死のイザナミが漏らした尿《ゆまり》から生まれた神の 1 柱である。このときミヅハノメと同時に、ワクムスヒという男の神も生まれている。『日本書紀』の本文には登場しないが、いくつかの別伝で『古事記』同様、瀕死のイザナミから生まれたとされている。

彼女たちはイザナミの尿から生まれたという由来ゆえに、水の神として広く信仰されている。水は農耕に欠かせないことから、古来より世界各地で信仰の対象になっているものだ。特に水田で米を作る日本人にとって、水は身近な存在である。ミヅハノメという名前も、田畑に引き込む水が水路に流れていく様子を表現した「水が走る」という言葉、または井戸や泉から水が湧き出すことを表現した「水つ早」という言葉が由来だと考えられている。

水の守護神として今でも人気

ミヅハノメは『古事記』などの神話ではほとんど活躍する姿が見られず、名前だけが知られている神である。だが農耕と水の密接な関係ゆえに、ミヅハノメは多くの神社で、おもな祭神と一緒に祀る「配祀神」の 1 柱として祀られている。

数は少ないが、水に関する御利益を期待して主祭神とする神社もある。奈良県の丹生川上《にうかわかみ》神社は、『古事記』『日本書紀』の編集者として知られる天武天皇の命令で創立された神社だが、この神社の創立にあたっては、ミズハノメから「人の声も聞こえない深い山で私を祀れば、天下のためによい雨を降らし、悪い雨は止めよう」というお告げがあったと伝えられている。その後丹生川上神社は、朝廷のために雨乞いや豪雨避けの儀式を行う神社として丁重な扱いを受けている。

ミヅハノメに対する信仰は、現在でも生きている。栃木県宇都宮市にある「仙浪水《せんなみすい》天宮《てんぐう》」という小さな神社は、1953 年という近年になって創立された新しい神社だが、この神社がつくられたきっかけは、1947 年に日本を襲い、1077 名の死傷者を出したカスリーン台風（キャサリン台風）だった。大洪水の被害を受けて、暴れ川として有名だった「田川」で洪水が起きないようにという願いを込めて、住民の安全をミヅハノメに託したのである。

まろんさん、ご存じですか？　オシッコって、発酵させるとすごくいい肥料になるんですよ。ミズハノメ様が農業の神様なのって、もしかして水だけじゃなくこっちの理由もあったりするんでしょうか？

illustrated by ryuno

溶けた金属ってアレに似てない？

カナヤマヒメ

記：金山比売、紀：金山姫

嘔吐物から産まれた金属神

火の神ヒノカグツチを産んだために火傷に苦しむイザナミは、死の病にかかって苦しむあまり、大便や尿だけでなく、嘔吐物も漏らしてしまっている。この嘔吐物から生まれたのがカナヤマビコ（金山比古命）とカナヤマヒメという男女の神で、どちらも鉱山と鍛冶の神とされている。

嘔吐物と鉱山のあいだにどんな関係があるのか、話を聞いただけでは連想できないに違いないが、一度でも実物を見れば納得がいくことだろう。人間の嘔吐物が地面で広がる様子は、火山のマグマが流れ広がる様子や、高温で溶かした金属が、粘りけのある液体として流れる様子によく似ているのだ。

このことからカナヤマヒメは、鉱山で金属鉱石を採掘して金属として使える状態に精錬し、それを加工して武器や農具などの道具にするという、金属産業全体を守護する女神となっている。もちろん道具として使う金属だけでなく、金銀などの貴金属をもたらす神でもある。

金属の神は人気者

古来より職人というのはゲンをかつぎたがる性質があり、そのため特定の職業に関連する神には立派な神社が建てられる傾向がある。カナヤマヒメ兄妹の場合も、全国の金山にはたいてい「金山神社」という神社が併設されているし、製鉄が盛んだった場所では多くの神社がカナヤマヒメらを祀っている。

そのなかで総本社のような地位にあるのが、美濃国（岐阜県）の一宮（もっとも重要な神社）である南宮大社《なんぐうたいしゃ》だ。この神社は全国の鉱山、金属業にたずさわる業界関係者の総本社という位置づけになっており、毎年 11 月 8 日に行われる金山祭は、伝統の技を伝える職人から、最先端の金属加工技術を追求しているハイテク企業まで、日本中から関係者が集まる大祭となっている。

なお、中国地方ではカナヤマヒメよりも「カナヤゴノカミ（➡p149）」という神が、製鉄の神として人気がある。この神は砂鉄から鋼を作る日本独特の精錬法「たたら製鉄」の技術を伝えた神だと信じられており、性質がよく似ているため、カナヤマヒメとなんらかの関係がある、または名前が違うだけで同じ神だという説などがある。

砂鉄から鋼を作る「たたら製鉄」は日本の伝統技術でな。昔は全国で行われておったが、現代で定期的に操業されておるのは、日本刀技術継承のため、島根県仁多郡横田町で行われているものだけだ。

illustrated by 赤井さしみ

泣くのがお仕事、泣かせないのもお仕事

ナキサワメ

記：泣沢女神、紀：啼沢女命

死に際の涙が産んだ女神

神産み神話のなかで、神々の母イザナミは、火の神ヒノカグツチを産んだために火傷から病気にかかり命を落としてしまった。この過程でハニヤスビメやミヅハノメなどの神が生まれたが、最後に生まれたのがナキサワメという女神である。

この女神は女神イザナミではなく、男神イザナギから生まれた。イザナギは死んでしまったイザナミの枕元で腹ばいになり、さらに足のそばでも腹ばいになって大泣きした。ナキサワメは、このときのイザナギの涙から生まれた涙の女神なのである。名前の意味は読みのとおりで、さめざめと泣く女神という意味になる。また涙の女神という特徴から、彼女は水の女神、湧き水の女神、さらには死にそうな人の延命や命乞いを受け付ける女神だともされている。

『古事記』によれば、ナキサワメは大和国（現在の奈良県）畝尾《うねお》に座する女神だと書かれており、ここには現在も畝尾《うねお》都多《つた》本神社《もとじんじゃ》という井戸をご神体とする神社があり、ナキサワメが主祭神として祀られている。ナキサワメを主祭神とする神社はきわめて少ないが、この神社は特に命乞いの神社として知名度があったようで、『古事記』とほぼ同時代、奈良時代にまとめられた歌集『万葉集』にもこの神社が歌われている。

その歌とは

「哭沢の　杜に三輪すゑ　祈れども　我が王は　高日知らしぬ」

というもので、ナキサワメに御神酒（三輪）を供えて、高市皇子という皇族の延命を祈ったが、それもむなしく皇子が亡くなったため、詠み人がナキサワメに対して恨みをぶつけている歌なのだという。

現代でもある、泣くお仕事

ナキサワメは、ただ単に涙から生まれた女神というだけではなく、日本の古い文化を神格化した存在だと考えられている。かつて日本では、誰かが亡くなって葬式をあげるときに、大声をあげて泣いて故人の偉大さを表現する「泣き女」という職業があり、ナキサワメはそれを神格化したものだというのだ。ちなみに泣き女という文化自体は、現代でも朝鮮半島、中国、台湾などで現役である。日本でも、離島や海辺の村には、儀礼として大げさに鳴き声をあげる風習が残っているところがある。

イザナギ様は、最初はイザナミ様の枕元で腹ばいになって泣いて、次は足のそばで泣いたみたいだけど、どう移動したんだろ……泣きながらゴロゴロ転がってたとか？

illustrated by おにねこ

あなたのご縁をくくります♥

ククリヒメ

記：登場せず、紀：菊理媛神（くくりひめのかみ）、菊理媛命（くくりひめのみこと）
別名：白山比咩大神（しらやまひめおおかみ）

たった一度しか出番なし

この本で紹介している女神のなかでも、ククリヒメは特殊な立ち位置にいる女神である。彼女は『古事記』と『日本書紀』のうち、『古事記』にはまったく登場せず、『日本書紀』でも正式な伝承とされる「本文」には登場しない。同じ神話について、細部が違う伝承があるときに掲載される「別伝」のひとつに、わずか 1 か所だけ登場する女神なのである。

彼女が登場するのは、国産み神話のクライマックス、死んだイザナミを追ってイザナギが黄泉に下るが、イザナミの変わり果てた姿に恐怖して逃げ出す場面だ。イザナギは黄泉比良坂の入り口を大岩で閉じ、追ってきたイザナミと問答をしたのち決別する（➡p170）というのが『古事記』の流れだが、『日本書紀』に紹介されている別伝のひとつでは、この場面にククリヒメが登場するのだ。

この別伝では、イザナギが黄泉に来たことを反省する一方、イザナミは「自分はもう国を産んだので、これ以上なにかを産みたいと思わない。自分は黄泉にとどまるので、あなたと一緒に帰ることはできない」と宣言する。ここで本文に、何の前触れもなくククリヒメの名前が突然登場し、イザナギに何かを話しかけると、イザナギは彼女の発言をほめ、黄泉比良坂から去るのである。

ククリヒメは何の神？

不思議なことに、ククリヒメが何者であるのか、ククリヒメがイザナギに何を言ったのかは、『日本書紀』には何も書かれていない。まさに正体不明の神なのだ。

現在では、ククリヒメは夫婦の会話を締めくくったことから「物事をくくってまとめる」女神だという説が強いが、ククリは「漏（くく）り」の意味で、黄泉の国と地上の国とのあいだを漏れ流れて境に立つ女神とする説、古代日本で行われた屈葬（死体をかがめた形式で壺や箱に入れて埋葬する形式）で実際に紐で死体をくくった巫女が神格化した説、ククリヒメを「心（こころ）姫」と読む説もある。

石川県にある霊峰「白山」の山岳信仰では、古くからシラヤマヒメという女神が信仰されているが、1000 年以上前からこのシラヤマヒメの正体はククリヒメだと信じられてきた。彼女は縁結びの神として、全国の白山神社で信仰されている。

この白山の神社に祀られてる神様は、ククリヒメ様でもあり、仏様でもあるんだって！　名前は白山妙理権現、っていうらしいんだけど……神でも仏でもあるってどういうこと？　90 ページで教えてもらおうっと！

illustrated by C-SHOW

名前以外はぜんぶ謎？

イヅノメ

記：伊豆能売、紀：登場せず

穢れの清めで生まれた女神

『古事記』『日本書紀』には非常に多くの神々が登場することもあり、名前のほかにほとんど記述のない神も珍しくない。54 ページのククリヒメもそうだが、ここで紹介するイヅノメはその最たる神だ。この女神は『日本書紀』には登場せず『古事記』でも一度紹介されるだけで、その後は物語にまったく登場しない、謎多き神なのだ。

この女神が生まれたのは、イザナギが黄泉の国から戻り、川の中で体の穢《けが》れを洗い流したときだ。はじめに穢れを洗ったとき、「オオマガツヒ」「ヤソマガツヒ」という神が生まれ、2 回目に洗ったときに産まれたのが「カムナオビ」「オオナオビ」、そしてイヅノメである。

イヅノメは一般には女神だと考えられているが、神話には性別などの記述もなく、生まれたことが書かれるのみである。このとき生まれた 11 柱の神のうち、イヅノメ以外の神は 2 柱 1 組で生まれているのだが、イヅノメだけは対になる神がいないという実にいわくありげな神である。

イヅノメは身を清めたときに生まれたことから「清浄な力で穢れを清める」女神だと考えられている。この場合、名前の“イヅ”は、身についた穢れを洗い流す「斎《いつ》く」行為をあらわしたものだという解釈になる。また、海に流れた穢れを飲み込む河口の男女神ハヤアキツヒコ（速秋津比古）とハヤアキツヒメ（速秋津比売）（➡p38）は、イヅノメと同じ神だとする意見もある。

現代によみがえった？　イヅノメ

イヅノメは、祭神として祀る神社が少なく、長いあいだ埋没していた神だった。しかし、日本の古代史研究の先駆者である江戸後期の学者「本居宣長《もとおりよりなが》」が、自書の『古事記伝』でイヅノメについて触れてからふたたび注目されるようになった。本居によれば、イヅノメには、『古事記』の神ならかならずついているはずの「神」「命」などの尊称がないのである。

幕末から明治にかけて神道から派生した一部の宗教は、イヅノメは仏教の“観世音菩薩”の元の姿だという奇想天外な定義を行った。イヅノメは出雲地方の主神だったが、好戦的なスサノオから逃げてインドへ行き、観世音菩薩になったという。

正確には、イヅノメを祀った神社は 1 社だけあったようなのだが、その神社はかなり昔にほかの神社と合体したようでな、そのときに祭神からイヅノメの名前が外れておるのだ。まさに謎の神といえよう。

illustrated by Sui.

みんなを見守るお日様かあさん

アマテラス

記：天照大御神、紀：天照大神　別名：大日孁貴神（おおひるめのむちのかみ）

日本神話の最高神

『古事記』『日本書紀』によれば、われわれ日本人の国である日本国は、2600年以上の昔から天皇によって統治されてきた。天皇の直接の先祖は、神々の世界「高天原」の主、太陽の女神アマテラスである。そのためアマテラスは、日本神道の主神として、最大の敬意と篤い信仰を受けている女神である。

アマテラスという名前は、天から世界を照らす女神という意味で、それ以上の説明は必要ないだろう。『日本書紀』ではオオヒルメと呼ばれており、これは偉大な日の女神という意味である。どちらも太陽の女神という特徴をあらわした名前だ。

アマテラスの最大の特徴は、性別が女性だというところにある。実は世界の神話において、最高神とされる神の多くは男性神である。男女一組の神が最高神という例はあるが、女神が単独で最高神をつとめる例はかなり珍しい。さらに、アマテラスは神を産み出した母なる神でありながら、夫をもたず、また性行為によって子供を作ったという記述がないのも珍しい。アマテラスの5人の子供は、魔術的な儀式の副産物として生まれたものなのである（➡p189）。

そしてたいていの世界の神話では、太陽神の性別は男性であることから、女性の太陽神は希有な存在といえる。アマテラスは、世界の神話に登場する主神のなかでも、かなり珍しい立ち位置にいる神だといえよう。

アマテラスの誕生と統治の苦闘

アマテラスは、日本列島の大地を作った創造神イザナギから生まれた。彼は死せる妻イザナミを連れ戻すために黄泉国に入ったため、体に穢《けが》れがこびりついていた。そこでイザナギは川の中で穢れを洗い流し、最後に川の水で顔を洗った。このときイザナギの左目（『日本書紀』では右目）から生まれたのがアマテラスだ。同時に右目からは月神ツクヨミ、鼻からは荒ぶる神スサノオが生まれ、イザナミはこの3柱の神を、もっとも貴い子たちという意味で「三貴子《みはしらのうずのみこ》」と命名し、重要な仕事を任せることにした。アマテラスはイザナミの魂の一部である「珠」を授かり、神々の住む天上世界「高天原」を統治することになったのだ。だがアマテラスの統治は順風満帆とはいかなかった。

父イザナギの命令を拒否して追放されたスサノオが、追放の前にアマテラスに挨拶をしに来たとき、スサノオは儀式によって自分の心が潔白であることを証明した。ところが、スサノオは儀式の成功にうかれて調子にのり、高天原をめちゃくちゃに穢してしまう。これに心を痛めたアマテラスは、洞窟に入ると天岩戸という大岩で入り口を封じ、引きこもってしまったのだ。

世界を照らす役目を持つアマテラスが岩戸に隠れたため、世界は真っ暗になってしまった。知恵の神オモイカネは、アメノウズメ（➡p70）、イシコリドメ（➡p72）らに知恵を授け、アマテラスを岩戸の外に誘い出すことで、世界に光が戻ったのである。

また「国譲り」という神話（➡p92）では、豊かな葦原中国を自分の子孫に統治させようと考え、葦原中国を支配する国津神のところに使者を送り込むが、使者が国津神の首領オオクニヌシに屈服してしまい、なかなか交渉がうまくいかない。3回目の使者に武闘派のタケミカヅチを選んだことでようやく交渉が成立したという。

天皇が君臨する日本という社会は、主神にして母神であるアマテラスが、いくつもの苦闘のすえに完成させたものなのである。

特殊な最高神が生まれたのはなぜか

太陽神である女神が、特定の夫をもたず、神々と相談しながら世界を統治する。この日本神話の特殊な構造について、興味深い仮説がある。アマテラスの統治は、日本神話が作られた時代の政治体制を反映しているのではないかという説だ。

『古事記』『日本書紀』が編集された7世紀～8世紀の日本は、聖徳太子の主君として有名な推古天皇、『古事記』の完成を命じた元明天皇など、女性天皇が特に多い時期だった。そしてこのころの日本の政治は、天皇は強大なカリスマと一定の権力を持っていながらも、実際の政治は家臣の有力者たちの合議で進んでいた。

日本神話をくわしく読んでみると、アマテラスは神話に頻繁に登場し行動の方針は示すのだが、具体的にどう行動するかという部分は造化の三神のタカミムスヒ（高木神）を中心とする神々の会議で決まることが多い。つまり、カリスマある女性天皇と、実務能力の高い貴族による統治という形が、神話にも反映されたのではないかと推測することも可能なのである。

アマテラス信仰

アマテラスは国家の最高神であり、大地に実りをもたらす太陽の神でもあることから、国家安寧、五穀豊穣の神として篤く信仰されている。日本にはアマテラスを祀る神社が万を超える数で存在するが、その総本宮は三重県にある伊勢神宮である。現在では伊勢神宮には、全国の神社を統括する神道の組織「神社本庁」の本部が置かれ、名実ともに日本の神道の中心地となっている。

アマテラスはあまりに偉大な神なので、その加護を得ればあらゆる障害を乗り越えられると考えられた。そのため前述した国家安寧、五穀豊穣のほかにも、商売繁盛、家内安全、健康長寿、学業成就など、一見アマテラスとは関係がなさそうに思えることまで、アマテラスを祀る御利益とされている。

お姉さんのことを「実は男性ですよね?」って疑う子たちがいるけれど、女の子が最高神ってべつにおかしくないからね？　そうじゃなかったら推古天皇みたいな、女性の天皇を認めるわけがないじゃない。

illustrated by 匡吉

ゴハンは楽しくにぎやかに！

トヨウケビメ

記：豊宇気比売神、紀：登場せず

最高神の食事係

火神ヒノカグツチを産んだときの火傷が原因で死病にかかったイザナミが漏らした尿から、水神ミズハノメとワクムスヒが生まれたことは48ページで説明したが、『古事記』ではこのワクムスヒに、トヨウケビメという娘がいることが紹介されている。トヨは豊かさ、ウケは食べ物を指すことから、食料の女神とされる。ただし彼女は『日本書紀』には登場せず、『古事記』にも天孫降臨（➡p110）のときにアマテラスの子孫ニニギに同行して葦原中国に降りたというわずかな記述しかない。

このように、古い神話では大きく扱われないトヨウケビメだが、神道の神のなかでは非常に重要な位置を占めている。神道の総本宮である伊勢神宮は、大きく分けて内宮《ないぐう》と外宮《げぐう》のふたつに分かれている。内宮の主祭神は天皇家の神であるアマテラスだが、外宮は正式名を豊受大神宮《とようけだいじんぐう》といい、豊受大神《とようけのおおみかみ》、すなわちトヨウケビメをもっとも重要な祭神としているのだ。

外宮で行われる儀式について説明した『止由気宮儀式帳《とようけぐうぎしきちょう》』によると、聖徳太子の活躍より約100年の昔、4世紀～5世紀ごろの天皇とされる雄略天皇の時代、天皇の夢枕にアマテラスが立ち、「自分ひとりでは不便で、食事も安らかにできないから、丹波国で祀られているトヨウケビメを呼びなさい」と命じたという。アマテラスによれば、トヨウケビメは彼女の“御饌都神《みけつかみ》”、すなわち神の食事を用意する係なのだという。この夢を受け、雄略天皇は伊勢神宮の隣に豊受大神宮を作り、のちにこの神宮は「外宮」と呼ばれるようになったのだ。

丹後国の羽衣伝説

本来トヨウケビメが祀られていた丹波国とは、現代の京都府中部（京都市の北西）にあたる地域だ。このトヨウケビメ信仰にまつわる話が、丹波国の隣国、現在の京都府北部にあたる丹後国の資料『丹後国風土記』に掲載されている。

天女として地上に降りたトヨウケビメが水浴びをしていると、地元の老夫婦に羽衣を隠されてしまった。トヨウケビメは万病の薬となる酒を造って老夫婦を金持ちにしたが、豊かになった老夫婦は彼女を冷たく追い出してしまう。丹後国の奈具村にたどりついた傷心の彼女は、この村に永住して守護神となったのだという。

トヨウケビメ様のような専門家以外も、アマテラス様やオオクニヌシ様のように、日本の主要な神様はみんな穀物神の力を持ってます。皆さん、日本人の心をつかみたいなら、まず胃袋からつかむのが大事ですよ～♪

illustrated by 7

神話の地名はホントにあった！

神様が活躍した場所ってどんなところなのかな？
イザナミ様が結婚したオノゴロ島とか、必死に追いかけっこした黄泉比良坂とか……いっぺんでいいから見てみたーい！

なんだ、そんなことか。
見てみたいのなら見に行けばよいではないか。

えっ？　見に行けるの!?

もちろんだよ！　さあみんな、注目～！
日本神話のイベントがあった場所って、実は現実世界にホントにあるものが多いんだよ。人間でもちゃんと見に行けるから、行っておいでー！

オノゴロ島（自凝島）

国産み神話の最初に、天沼矛のしずくから生まれた日本神話最初の陸地オノゴロ島は、淡路島の近くにある小島のどれかか、淡路島そのものだとされている。なかでも淡路島南方の沼《ぬ》島は、古くから「おのころ神社」があり、有力な候補のひとつである。

沼島近くにある神立上岩。イザナギとイザナミはこの岩を回って出会い直し、結婚したとされる。撮影者：Pinqui

黄泉比良坂（よもつひらさか）

一説によれば、イザナギも行った死者の国「黄泉国」が地下にあるという概念は中国の常識に引っ張られたものだという。

実際には黄泉国は地上にあり、島根県東出雲町にある「黄泉比良坂」という実在の坂が、神話に登場する黄泉比良坂そのものだというのだ。

黄泉比良坂の入り口。坂の途中には、イザナギが妻を締め出した「千引きの岩」もあるという。撮影者：ChiefHira

天岩戸（あめのいわと）

岩戸隠れの神話でアマテラスが隠れた岩戸だとする場所は全国に 20 か所近くある。宮崎県にある天岩戸神社は、かつて天孫が降臨したという「高《たか》千《ち》穂《ほの》峰《みね》」に近く、ある意味高天原に近いといえる。天岩戸は神社の許可を取れば直接参拝することができるが、写真の撮影などは禁止されている。

岩戸隠れの対策のため、諸神が集まって会議したという仰慕ケ窟（ぎょうぼがいわや）の洞窟。撮影者：Muzinabear

高天原《たかまのはら》神話

　イザナギとイザナミが神を産み終えると、神話の主役は太陽の女神アマテラスと、その弟スサノオに移ります。
　この時期の神話は、神々が住む天上世界「高天原」を舞台にしているため、高天原神話と呼ばれることがあります。

illustrated by とんぷう

ウカノミタマ

5分でわかる日本神話③
神話最大の兄弟ゲンカ！

この「高天原神話」からは、お姉さんの世代の神が主人公よ！
神産み神話のいちばん最後に生まれた「三貴子」の長女、お姉さんと、
弟のスサノオが活躍する神話なの。

おお！　ついにアマテラス様が、神話の主人公になるんですねっ！

神様の争いで大迷惑!

高天原神話は、神々の住む高天原をおもな舞台にする神話です。物語のテーマは、神々のリーダーになったアマテラスと、神々に嫌われる暴れん坊、スサノオの対立です。両者のぶつかりあいは世界に大きな被害をもたらし、それによって神の偉大さを表現したり、「天変地異が起きる理由」を説明するものとなっています。

高天原神話で、天界と地上に起きたこと

神の行動

- **イザナギに追放されたスサノオ、高天原へ向かう** → **高天原でスサノオが大暴れする** → **アマテラス、天岩戸に隠れる** / **地上に降りたスサノオの英雄的活躍**

世界への影響

- イザナギに追放されたスサノオ、高天原へ向かう：スサノオが高天原に歩くと、周囲に大地震が起こり、川が氾濫した。
- アマテラス、天岩戸に隠れる：太陽が消滅し、世界が暗闇に包まれてしまった。
- 地上に降りたスサノオの英雄的活躍：洪水を治め、稲作や製鉄、和歌などの技術、文化を伝える。

高天原神話は、それまで我ら神だけのものだった神話世界で、神と人間のかかわりを初めて描くもの。人間にとって神がどんな存在だったかは、高天原神話で起きる事件を見るとイメージしやすかろう。

どうしてアマテラスとスサノオは対立したの?

え、どうしてケンカしたのかって？　まろんちゃん、お姉さんは神のなかでもかなーり心の広い神だと思ってるけど、いくらなんでもやっていいことと悪いことがあると思うの。さあ、こんなことをする弟を笑って許してあげられる？

原因1　アマテラスが、スサノオのわがままと暴れぶりを警戒した

イザナギが神産み（➡p32）の最後で三貴子を産んだあと、イザナギは彼らに、世界を３分割して支配させるという重要な役目を与えました。

ところがスサノオは役目を拒否し、母イザナミが住む黄泉国に行きたいとだだをこねます。アマテラスは父親の命令を聞かない弟が高天原を奪うのでは？ と警戒したのです。

よりにもよってイザナギパパに歯向かうなんて。何か悪いことをたくらんでると思ってもしょうがないじゃない。

イザナギは「三貴子」に
重要任務を与えたが……？
アマテラス
ツクヨミ
スサノオ
高天原を
治めよ
夜の国を
治めよ
海原を
治めよ
快諾
快諾
拒否

原因2　身の潔白を証明したスサノオが増長した

アマテラスとスサノオは、持ち物を砕いて神を産み出す「誓約《うけい》」を行い、スサノオの真意を知ろうとします。予告どおりスサノオは女神を産み出したため、潔白が証明されました。

ですが正当性を得たスサノオは増長し、高天原でさまざまな悪事（➡p68、173）を働きます。これに怒ったアマテラスは、スサノオを追放し、高天原に入ることを禁じたのです。

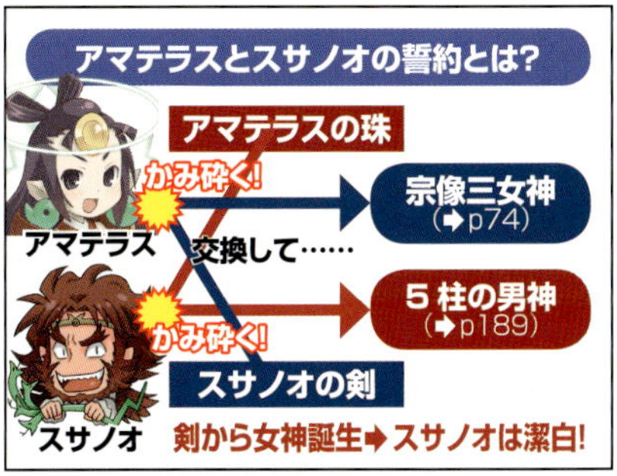

アマテラスとスサノオの誓約とは?
アマテラスの珠
かみ砕く!
宗像三女神
(➡p74)
アマテラス
交換して……
5柱の男神
(➡p189)
かみ砕く!
スサノオの剣
スサノオ
剣から女神誕生➡スサノオは潔白!

スサノオが悪事を働きに来たわけではないというのは真実であった。だが、身が潔白となったとたんに暴れはじめるとは思わなんだ。
アマテラスが心を痛めるのもわかろうというものよ。

織姫様にグロググロプレゼント

ワカヒルメ

記：登場せず、紀：稚日女尊

不幸に巻き込まれた機織りの女神

「若くてみずみずしい太陽の女神」という意味の名前を持つワカヒルメは、アマテラスとの「誓約《うけい》」で潔白を証明したはずのスサノオが調子にのって高天原で暴れ回ったとき、この暴れ神の被害者となってしまった女神である。

神話によれば、彼女は機織《はたお》りの達人であり、高天原にある聖なる機織り小屋で布を織っていた。するとそこに突然、皮をはがれた馬の死体が投げ込まれたのだ。びっくりしたワカヒルメは機織り機から落下し、機織りのときに使う「梭（ひ）」という道具で体を傷つけ、そのまま亡くなってしまったという。

この神話は『古事記』『日本書紀』の両方に掲載されているが、微妙にその内容が異なっている。『古事記』では機織り女が「梭」で女性器を突いて亡くなったが、彼女の名前は書かれていない。『日本書紀』では、ワカヒルメが登場するのは、正式な伝承ではない「別伝」である。正式な本文では、驚いて織機から落下したのはほかならぬアマテラス本人であり、梭で怪我はしているが、命を落としてはいない。

死んだはずのワカヒルメの名前は、地上の支配者が天皇に移った人代の神話にも登場する。天皇にかわって政治と戦争をとりしきった神功皇后（➡p182）の時代、朝鮮半島の敵を征伐した皇后の軍隊は海路で帰路についていたが、船がまっすぐ進まなくなり、武庫（現在の神戸）に戻って占いを行った。するとワカヒルメが降臨して神託を授けたので、現在の兵庫県神戸市に神社を造って彼女を祀らせたという。この神社は“生田神社”として現在も神戸の中心部に鎮座している。この町が神戸と呼ばれるのは、ワカヒルメを祀る生田神社があるからなのである。

天津罪とはどんな罪

この神話においてスサノオが犯した悪行は『古事記』において「天津罪」という名前で定義されている。罪の種類は８種類あるが、うち５つが田んぼの破壊や領有権の虚偽に関わるもので、日本においていかに水田農耕が重要なことだったかがよくわかる。のこりの罪は儀式の神聖性を穢すものだ。３つのうちふたつは、馬の皮を生きながらにしてはぐ「生剥《いきはぎ》」と、馬の皮を首から尻に向けてではなく、尻から首に向けて逆向きにはぐ「逆剥《さかはぎ》」の罪で、スサノオはこの両方を同時に犯したのである。

天津罪の最後のひとつは「糞戸（くそへ）」で、儀式の間にウンチをすることなの……あのバカ弟、悪ノリしてウンチ放置していくってどこの悪ガキよ！　せめて自分で掃除していけ、バカーっ！

illustrated by えめらね

最後の切り札、脱いで見せます！

アメノウズメ

記：天宇受売命（あめのうずめのみこと）、紀：天鈿女命（あまのうずめのみこと）

セクシーダンスで世界を救った女神

アメノウズメは踊りと芸能の女神である。名前のウズとは、女性が頭につける髪飾り（髻《う》華《ず》）のことで、もともとは木の枝、花、葉、蔦葛などで作られていたが、しだいに金銀細工のかんざしが使われるようになった。そのため、『日本書紀』では、ウズメの表記に、金属のかんざしを意味する「鈿」の字が使われる。

彼女はその踊りによって、世界を救った女神である。スサノオの乱暴に心を痛めたアマテラスが天岩戸《あめのいわと》に閉じこもって世界が暗闇に包まれたとき（➡p58）、神々はいくつもの策を組みあわせてアマテラスを天岩戸から引っ張り出そうとした。その策のもっとも重要なところを担当したのがこのアメノウズメという女神なのだ。

アメノウズメは、衣服をはだけて乳房や女性器をむき出しにし、精神をトランス状態にして踊り始めた。さらには伏せた桶の上に飛び乗り、両足で太鼓のように桶を踏みならしたのだ。その様子を見ていた神々は笑い出して大騒ぎとなった。高天原の知恵者の神々は、この騒ぎを気にして顔を出してきたアマテラスを、さらに八咫鏡を使って（➡p72）天の岩戸から引っ張り出した。こうして世界には光が戻ったのである。

このアメノウズメの踊りには俳優《わざおぎ》という名前がつけられている。実はこの踊りは、天皇家の重要な神事になっている。天皇家は毎年太陽がもっとも低くなる冬至の日に、鎮魂祭《たましずめのまつり》という儀式を行っている。これは日がもっとも短くなる冬至の日を、太陽と天皇（太陽神アマテラスの子孫である）の死ととらえ、天岩戸の神話にならって、太陽の活力が復活することを願う儀式なのである。

笑いが取り持つ人の縁

アメノウズメは、天孫降臨（➡p109）の神話において第二の出番を得ている。天孫たちが葦原中国に降りていく途中、恐ろしい外見の神に出会う。アマテラスの指示でアメノウズメが話しかけてみたところ、この神はサルタヒコ（➡p191）といい、天孫を迎えに来た国津神なのだという。このようにアメノウズメは、こわもての神からも情報を引き出したり仲直りさせる、交渉と縁結びの神でもあるのだ。

ちなみにアメノウズメはサルタヒコと結婚し、その子孫は朝廷に巫女を送り込む「猿女君《さるめのきみ》」という氏族として長く続いたという。

この子には、葦原中国の海に住んでる生き物に、うちの子たちに忠誠を誓うよう交渉をお願いしたんだ。ただ当時のナマコって口がなくてしゃべれないから、はじっこを小刀で切って口を作ってあげたんだって。

illustrated by 中乃空

鏡よ鏡、この世で一番貴い女神はだあれ？

イシコリドメ

記：伊斯許理度売命、紀：石凝姥命

三種の神器を作った女神

天皇家には、三種の神器という宝物がある。天叢雲剣《あめのむらくものつるぎ》（草薙剣）、八尺瓊勾玉《やさかにのまがたま》、そして八咫鏡《やたのかがみ》である。これは天皇家の先祖が高天原から葦原中国に降りてきたときに与えられたもので、これを持つ者が正統な天皇であることを証明するという。三種の神器が作られた経緯は『古事記』などの神話で語られており、八咫鏡を作ったのはイシコリドメという女神であることがわかっている。

イシコリドメは鍛冶と鋳物の守護神である。名前の「イシ」はそのまま石を意味し、「コリ」は凝り、つまり固まることを意味する。つまり、イシコリは石の中に固まることで、これは石でできた型の中に溶けた金属を流し込む「鋳造《ちゅうぞう》」の手順を神の名前にしたものなのである。

現在われわれがイメージする鏡といえば、ガラスの裏側に薄い金属をコーティングして作ったものだが、この形式の鏡ができたのは14世紀ごろであり、それ以前は金属の表面を姿が映るまでピカピカに磨いたものを鏡といっていた。金属をゆがみなく平らに作り、それを磨き上げるには、熟練の技術と長い時間が必要になる。鍛冶と鋳物の女神が作ったからこそ、八咫鏡は天皇家の宝になりえたのだろう。

八咫鏡ができたわけ

『古事記』の神話によれば、イシコリドメは最初から宝物にするために八咫鏡を作ったわけではなく、必要にかられて制作したものだ。

アマテラスがスサノオの狼藉に悲しみ、洞窟の中に引きこもってしまった天岩戸の神話（➡p58）において、知恵者の神オモイカネ（➡p188）が、アマテラスを岩戸から引っ張り出すための作戦を立てた。その作戦を実行するには、イシコリドメができるだけ優れた鏡を作ることが必須条件だった。

神々がアマテラスがこもる岩戸の前で騒ぎ立て、何事が起きたのかとアマテラスが隙間から外の様子を覗いたとき、神々は「アマテラス様より貴い神があらわれたので喜んでいるのだ」と言って、八咫鏡をアマテラスに向けた。アマテラスは八咫鏡に映った自分の姿を新しい神と勘違いし、その姿をもっとよく見ようと岩戸を開けたところで、力自慢の神タヂカラオ（➡p189）に引きずり出されたのである。

高天原にはワシや彼女以外にも名鍛冶師が多いぞ。アメノマヒトツという片眼の神は、天岩戸の事件で儀式に必要な刀や斧、装飾品を作った鍛冶の神だ。189ページで紹介しておる。

illustrated by 三井トモスミ

海の旅なら三人娘におまかせ！

宗《むな》像《かた》三《さん》女《じょ》神《じん》

記：多紀理毘売命（たぎりびめのみこと）、紀：田心姫（たごりひめ）／記：市寸島比売命（いちきしまひめのみこと）、紀：市杵島姫（いつきしまひめ）／記：多岐都毘売命（たぎつひめのみこと）、紀：湍津姫（たぎつひめ）など多数　別名：胸形大神、棟方、胸肩、宗方など

三人組の海の女神

九州は福岡県の北に広がる海は、玄界灘と呼ばれている。西から黒潮の海流が流れ込む豊かな漁場として知られるこの海には、陸地から60kmの地点に、沖ノ島という小さな島が浮かんでいる。

この島に祀られている「宗像三女神」と呼ばれる3柱の女神は、航海の安全を守護する女神であり、地方の神でありながら朝廷にも重視されてきた重要な女神だ。その証拠に『古事記』では、タギリビメ、イチキシマヒメ、タギツヒメは、みな三貴子の1柱であるスサノオの剣から生まれた娘である。

長女のタギリビメは海上の霧、または水が激しく流れる（滾《たぎ》る）様子をあらわした名前だとされる。三女のタギツヒメは玄界灘の激流にふさわしく、水が「滾る」様子を意味する名前だ。三姉妹でもっとも有名なのは次女のイチキシマヒメである。イチキシマとは「斎き島」のことで、神様を祀る島の女神という意味になる。つまり沖の島そのものを神格化したのがイチキシマヒメというわけだ。

ちなみに宗像三女神は、水上に浮かぶ神社として有名な、広島県のシンボル、厳島神社の祭神としても有名である。厳島という名前は、イチキシマヒメの名前と同じく「斎き島」から来ている。沖ノ島と同様、厳島もまた神の島なのである。

宗像三女神の誕生

宗像三女神が生まれたのは、スサノオが姉アマテラスに挨拶をするために高天原に行き、身の潔白を証明するために子供を作ったときだ。子供を作るといっても性行為をしたのではなく、おたがいの持ち物をかみ砕き、そこから産まれる神の性別で、スサノオの内心を明らかにする「誓約《うけい》」という儀式を行ったのだ。

アマテラスが、スサノオの持つ剣をかみ砕いて吹き出すと、そこから産まれたのは3柱の女神だった。スサノオの剣から生まれたのが女神だったため、スサノオの潔白は証明されたのである。この3柱の女神こそ、のちの宗像三女神である。生まれた彼女たちはただちに、九州の沖ノ島、大島、田島に派遣されている。

『日本書紀』にもこの神話は紹介されているが、こちらでは材料である剣の持ち主ではなく、かみ砕いて神を産んだアマテラスのほうが宗像三女神の親だとしている。また、正統な伝承とは若干違う神話を紹介する『日本書紀』の「別伝」には、宗像三女神はアマテラスの持っていた3本の神剣からそれぞれ生まれたとする伝承、スサノオが献上した曲玉から生まれたとする伝承もある。どちらにしてもこの女神が、ア

マテラスとスサノオという、日本神話でもっとも重要な神から生まれた直系の子孫であることは間違いない。

宗像三女神が重要だった理由

宗像三女神は、もともと天皇家が信仰していた神でははなく、沖ノ島などが位置する宗像郡を発祥の地とする海洋民族「胸形氏」の神だったと考えられている。

本来は天皇家と関係のない地方神だった宗像三女神だったが、古代の日本が朝鮮半島を経由して中国の進んだ技術、文化を取り入れるようになると、その流通ルートである玄界灘が非常に重要な道になってくる。そこで朝廷は、玄界灘の海神である宗像三女神を重視するようになり、神話で高い地位を与え、彼女たちを信仰する胸形氏をも『古事記』『日本書紀』の本文に登場させたのだ。しかも『日本書紀』では、宗像三女神には「道主貴」、すなわち国民のあらゆる道を切り開くもっとも尊い神、という別名が与えられている。「貴」とはもっとも高貴な神につけられる尊称で、ほかにこの字を贈られた神はアマテラスとオオクニヌシしかいない。

三女神を祀る神社は「宗像神社」と呼ばれている。タギリビメは沖ノ島にある沖津宮、タギツヒメは大島にある中津宮に祀られ、イチキシマヒメだけは九州本土の田島地区にある辺津宮に祀られている。特にタギリビメが祀られる沖ノ島は神聖な島だとされ、神道の神職以外は立ち入りが禁止されている。毎年 10 月 1 日に行われる「みあれ祭」では、このふたつの島からご神体を船団に乗せ、本土の辺津宮にいるイチキシマヒメのもとに連れて行くという勇壮な儀式が行われている。

海の女神から学芸の守護神へ

宗像三女神への信仰は、平安時代に瀬戸内海の水軍（海賊にして海運業者）とつながりの深かった武士一族「平氏（平家）」の手で日本中に広められた。「平氏にあらずんば人にあらず」とまで言われるほど隆盛をきわめた平氏と宗像三女神のつながりについて、おもしろい逸話が日本最大の湖である琵琶湖に残されている。

琵琶湖に浮かぶ島「竹生島」にある都久夫須麻《つくぶすま》神社は、仏教で信仰される学問の女神「弁才天」を祀る重要な神社である。平安時代末期、源氏と平氏の武家どうしの争いを描いた『平家物語』によると、音楽の達人として有名だった平氏の武士がこの都久夫須麻神社で琵琶の腕を披露したところ、弁才天が白い龍に変身して、平氏の武士の衣服の袖にあらわれたという。

仏教の神と日本の神を「名前が違うだけの同じ存在だ」と考える神仏習合（➡ p90）によって、弁財天は宗像三女神の次女、イチキシマヒメと同じ神だと定義された。つまり『平家物語』で平氏の袖にあらわれた龍は、平氏が信奉する宗像三女神の 1 柱だったわけで、物語的にも非常に自然な展開だったといえる。

実は『日本書紀』だと、三姉妹が生まれた順番が『古事記』とは違ってたりするよ。長女がタギリビメちゃんなのは同じだけど、次女がタギツヒメ、イチキシマヒメちゃんは末の妹になってるんだな。

illustrated by 蘇芳サクラ

イケニエのお姫様を救え！

クシナダヒメ

記：櫛名田比売、紀：奇稲田姫（くしいなだひめ）、真髪触奇稲田姫（まかみふるくしいなだひめ）

8人姉妹唯一の生き残り

高天原で狼藉を働き、葦原中国へ追放された「三貴子《みはしらのうずのみこと》」の末弟スサノオは、葦原中国において英雄物語の主人公のごとく縦横無尽の活躍をする。そのなかでも特に有名なのが、首が８つある蛇「ヤマタノオロチ」退治の伝説である（➡p172）。クシナダヒメはこのときスサノオに救われて妻となった、神話のヒロインである。

名前に“稲”や“田”が使われていることからもわかるように、クシナダヒメは稲穂や田んぼの神様だ。また『日本書紀』の漢字名にある“奇”は「不思議」「霊的」という意味であり、不思議とよく実る稲田をあらわした女神という説もある。

オロチを退治したあと、スサノオと結婚したクシナダヒメは、『日本書紀』ではのちに葦原中国を治めるオオクニヌシを産むのである（『古事記』や別の伝承では、息子ではなく何代かあとの子孫だとしている）。のちのちの神話で主役となる神を産んだということからも、クシナダヒメは神話のなかで重要な役割を果たした女神だといえる。

どうして櫛に変わったのか

クシナダヒメは、テナヅチ（➡p150）とアシナヅチという夫婦から生まれた８人姉妹の末娘だった。どん欲なヤマタノオロチは、生け贄として姉妹をひとりずつ喰っていき、最後に残ったのが彼女だったのだ。スサノオはクシナダヒメを「櫛《くし》」の姿に変えて髪に挿し、ヤマタノオロチに特別な酒を与えて酔いつぶした。その隙にスサノオは、オロチの首を全部切り落として退治したという。

『古事記』でクシナダヒメの名前に「櫛」の字が使われるのは、この「櫛に変身した」物語が由来だと言われている。では、クシナダヒメはなぜ櫛に変わったのだろうか？

実は、もともと櫛には、「女性の霊的な力を宿す」「邪悪なものを払う」「出会いや別離の象徴」など、さまざまな力があると信じられていたのだ。

例えば『古事記』の国産み神話では、イザナギが死んだイザナミに会うため黄泉の国に行ったとき（➡p170）、醜く腐乱したイザナミを櫛の歯に火をつけた明かりで発見し、その姿を見て逃げ出したイザナギが、追手に捕まらないように櫛を投げると、櫛がタケノコに変わり追手を妨害したのだ。クシナダヒメが櫛に変身した逸話にも、こうした霊的、象徴的な意味があると推測できる。

櫛に特別な力があると考えられたのは、櫛が髪を整える道具だかららしい。かつて日本では今以上に「美しい髪」を重視しておったからな、髪をとかして女を美女にする櫛には、呪力があると考えるのも自然なことだ。

illustrated by ジョンディー

みんなで仲良く儲けましょう♪

カムオオイチヒメ

記：神大市比売、紀：登場せず　別名：太歳御祖神（おおとしみおやのかみ）

豊穣と市場の女神

　カムオオイチヒメは、日本神話の暴れん坊にして英雄神、スサノオのふたりめの妻である。スサノオとのあいだにオオトシ（大年神）、ウカノミタマ（➡p82）という子供を作っており、これが両者とも穀物の実りに関係のある神であることから、カムオオイチヒメ自身も穀物神として考えられることが多い。また、特に民間において広く信仰を集めるオオトシの母親であることから、大歳御祖神《おおとしみおやのかみ》という別名で神社に祀られていることも多い。

　一方でカムオオイチヒメは、商売繁盛の女神としても信仰対象になっている。ただしこれは、カムオオイチの「イチ（市）」が市場（いちば）をイメージさせることから来た、後世の解釈である可能性があり、もともとこの女神の名前にあるオオイチとは、奈良県など近畿地方にいくつか存在する「大市」という地名に由来するともいう。だが、そもそもこの「大市」という地名自体が、この地で「大きな市」が開かれていたことからくる地名である可能性もあり、どちらにしても市場の女神という解釈は間違いではないことになる。

　そもそも『古事記』編集以前の日本では、市場とは農民が生産した穀物を、布や道具などの生活必需品と交換する場所だった。つまり穀物の女神が市場の女神となるのも、決して不思議なことではないのだ。

カムオオイチヒメとオオトシ

　カムオオイチヒメを主な祭神として祀る神社は、京都府の市比売《いちひめ》神社のように、市場守護を目的とした神社が多いが、この女神を主祭神に次ぐ神として祀る神社も、『古事記』での扱いの小ささからは想像できないほど多い。これは上でも説明したとおり、彼女の子供であるオオトシが非常に人気のある神であるため、オオトシの母親としてカムオオイチヒメが尊重されているからだ。

　オオトシは穀物の神であるのと同時に、一年の終わりと始まりを告げる神でもある。日本では正月になると門前に門松を置き、鏡餅をお供えするが、門松はオオトシが降臨するための依り代であり、鏡餅はオオトシへのお供え物なのだ。現在でも当然のように受け入れられている新年の習慣には、こんな歴史があったのである。

カムオオイチヒメ様の「イチ」ですけど、市場じゃなくて「市子」っていう職業名から取ったという説もあるんです。市子というのは、恐山のイタコさんのように、神降ろしをする巫女さんのことだそうですよ。

illustrated by 山鳥おふう

しあわせなんでも狐のかみさま

ウカノミタマ

記：宇迦之御魂神　紀：倉稲魂命　別名：稲荷神

米と農業を守護する女神

われわれ日本人が日本人であるために、もっとも欠かせないものとは何か。そのひとつはおそらく「米」であろう。ウカノミタマは稲の精霊神であり『古事記』では英雄神スサノオとカムオオイチヒメ（➡p80）の子供、『日本書紀』では創造神イザナギとイザナミ（➡p28）の子供であり出生にはブレがあるが、どちらでも非常に地位の高い神の子供であり、重要な神とされていたことがうかがえる。

ウカノミタマの「ウカ」は、トヨウケビメ（➡p62）の「ウケ」と同じで、食べ物を意味する言葉だ。「稲に宿る神秘的な精霊」ということ、最初のころは米だけの守護神だったが、しだいに粟《アワ》・麦・稷《キビ》・豆などの穀物をはじめ、魚や獣といった他の食べ物全般に神としての影響力が広がっていき、最終的には農耕用の家畜や蚕《かいこ》、桑など、農業生産物すべてに関わる神に進化していった。

なお、『古事記』『日本書紀』には、ウカノミタマの性別について説明した記述はないが、平安時代以降、ウカノミタマは女神と解釈されることが多くなっていく。これは、のちにウカノミタマと同じ神だと解釈されることになる穀物神「稲荷大明神」が女神であることの影響が大きい。また、稲の霊を祀る巫女の姿が神格化されてできた神なので、女神なのだとする説も存在する。

お仲間たくさん、名前もたくさん

日本人の主食だけあって、米を守護する神は日本に数多く存在する。本書でも紹介したオオゲツヒメやウケモチ（➡p42）、トヨウケビメ（➡p62）などはその代表格であり、彼女たちとウカノミタマは同じ神だと考えられることも多い。

ウカノミタマは祀られている場所や役目によって呼ばれ方が変わることもあり、神の食事「神饌」を用意する御饌殿《みけでん》ではトヨウケノオオカミ、神宮神田で収穫された稲を納める調御倉《つきのみくら》ではウカノミタマノカミ、神酒をつくる御酒殿《みさかどの》ではトヨウカノメノミコトと称される。

ウカノミタマと稲荷信仰

ウカノミタマと同じ神だとされる、稲荷大明神とは何者だろうか？　現代の日本人にとっては「おいなりさん」と言ったほうがなじみが深いだろう。

神社の境内に狐の彫像があったら、それはその神社に稲荷神が祀られている証拠である。稲荷大明神とその眷属を祀る「稲荷神社」は、日本でもっとも多い神社のひとつで、全国に３万社あまり存在するという。正式な神社ではない小さな祠、個人宅に祀られているものまで含めればいくつになるのか見当もつかないほどだ。これらの稲荷神社は、すべて京都にある「伏見稲荷大社」に祀られている稲荷大明神を各地に「分祀」したものである。

稲荷大明神は、もともと京都の豪族「秦《はた》氏」の信仰する神だった。伏見稲荷大社の社伝によると、秦氏の頭領である「伊《い》呂《ろ》具《ぐ》秦公《はたのこう》」が、自分が豊かであることを鼻に掛け、貴重な餅米で作った餅を弓矢の的にして遊んでいた。すると矢が当たろうという瞬間、餅が白鳥になって空を飛び、降り立った先に稲が生えたという。秦公はこの神を稲荷神と名付けて祀ったところ、一族は収穫に恵まれて非常に豊かになったと伝えられている。

もともとは山城国（現在の京都府南部）の１地方神にすぎなかった稲荷大明神だが、日本の都が奈良から京都に移されると、その京都周辺で信仰されていた稲荷神の知名度が一気に高まったのだ。その後、室町時代ごろから、全国の大きな神社から神を呼んできて地元の神社を作る「勧請《かんじょう》」が盛んになった。稲荷大明神の勧請は、ほかの神社の神と違って非常に簡単な手続きで行うことができたため、稲荷神社は全国に爆発的に広まることになった。

稲荷信仰が広がったもうひとつの原動力は、民衆の願いを広く聞き入れるその際限ない間口の広さである。祀られたのが町なら商売繁盛を約束し、海に近ければ漁業の神となる。本来の「穀物神」という特徴にこだわらず、あらゆる職業、階層の信仰を取り込んだ稲荷神は、もっとも広く愛される女神となったのだ。

女神が狐になったわけ

ウカノミタマ＝稲荷神を祀る神社に狐の像があるのは、稲荷神の使いの動物「神使」が狐だからだ（稲荷大明神自身は狐ではない）。

陰陽師「安倍晴明」の母親が狐だったという伝承からもわかるように、狐は古くから神秘的な動物だと思われていた。また、狐は春から秋にかけて繁殖を行うため、その生活サイクルが稲をはじめとする農耕のスケジュールに近く、狐と農耕には何らかの関係があると考えられていた。

そこに出てくるのがウカノミタマである。ウカノミタマは別名を御食津《みけつ》神ともいう。この「ケツ」というのは、狐の古い呼び名と発音が同じであることから、ウカノミタマ＝稲荷神の使いは狐だということになったのだ。

稲荷神は神道の神だけでなく、仏教の神も吸収していく。インドの女神ダーキニーを由来とする荼枳尼天《だきにてん》という神は、別名を白《びゃく》晨《しん》狐《こ》菩薩《ぼさつ》という。狐という共通項から、稲荷神は荼枳尼天とも同じ存在だということになり、地元信仰、神道、仏教の最強トリオが手を組んだ強固な信仰形態が生まれたのである。

ウカノミタマ様は、女神の姿でないときは、老いた男性の姿をとる場合もあるみたいなんだ。……でも、狐の耳と尻尾をおじいちゃんに取り付けると……うう、あんまりうれしくない見た目……。

illustrated by しろきつね

三兄妹で種まきしましょ♪

オオヤツヒメ＆ツマツヒメ

記:登場せず、紀:大屋津姫命／記:登場せず、紀:抓津姫命

豊かな森をつくった女神

　オオヤツヒメとツマツヒメは、『日本書紀』のみに登場し、『古事記』には登場しない女神である。彼女たちにはヤソタケル（五十猛神）という兄神がおり、３人で協力して日本全土に樹木の種をまいたとされているのだ。彼女たちは日本が誇る豊かな資源のひとつ、森を作った女神なのである。

『日本書紀』には、正統な伝承とされる「本文」のほかに、本文とは微妙に違った神話が「別伝」として紹介されている。その別伝のひとつによると、オオヤツヒメとツマツヒメの父親は、あの乱暴者のスサノオだという。

　あるときスサノオは、「韓郷《からくに》には金銀があるという。我が子たちが支配するだろうこの国にも浮く宝（舟）が必要だ」と思いつき、自分の体中の毛をむしって樹木を生み出したのだ。スサノオのヒゲは杉の木に、胸毛はヒノキに、尻の毛は槇《まき》の木に、眉毛はクスノキになった。さらにスサノオはそれぞれの木の使い方を定めた。杉とクスノキは「浮く宝」つまり舟の材料に、ヒノキは宮殿や神殿を作る木材に、槇は奥津棄戸《おきつすたへ》に持ち伏さむ具（そなえ）、つまり、葬儀の道具に使うことにした。

　こうして、さまざまな樹木の種を生み出したスサノオは、自分の子供であるオオヤツヒメ、ツマツヒメ、イソタケルの３兄弟に、樹木の種をあちこちにばらまくように命じたのだ。出雲国から種をまきはじめた兄弟の仕事は紀伊国（現在の和歌山県）にまで到達し、そのため紀伊国は木材の名産地として名高いのだという。

　ちなみにオオヤツヒメ、ツマツヒメという名前は、大きな家と小さな家の女神という意味がある。日本人にとって、木材は古くから家屋の材料として重視されていたことが、こんなところからも理解できる。

樹木渡来伝説

『日本書紀』の本文では、イザナギとイザナミの子供である男神ククノチが、日本神話にはじめてあらわれる樹木の神である。また『日本書紀』の別の別伝には、オオヤツヒメの兄であるイソタケルが、樹木の種を持ってひとりで朝鮮半島に降り立つが、そこでは種をまかず、日本だけにまいたという伝説がある。樹木の発祥を説明する神話は複数存在し、どれが正しいと断言することはできないのだ。

スサノオの子イソタケルが朝鮮半島に降り立つことからもわかるように、スサノオは朝鮮半島から来た渡来人の神ではないかという仮説がある。「韓郷に金銀がある」と知っているのも、地元ならではの知識かもしれんな。

illustrated by よつば

奥様は奥にいる

オキツヒメ

記：奥津比売神、紀：登場せず　別名：大戸比売神（おおべひめのかみ）

生活の礎、かまどの女神

現代では生活が便利になり、ガスコンロや電磁調理器のスイッチを入れるだけで料理ができるようになった。そうなる前は、日本中のすべての家庭に、土などで塗り固め、薪などを燃やして鍋を温める「かまど」があった。このオキツヒメはスサノオの孫で、かまどの女神である。別名はオオベヒメ（大戸比売神）という。登場するのは『古事記』のみで、『日本書紀』には登場しないうえ、名前が登場するだけで固有の神話も持たない女神だが、特に民間で深く信仰されていた。

名前の「オキ」とは、「奥様」の語源となったもので、かまどが家の奥にあることか、かまどで薪を燃やしたときに火がついて赤く燃える木炭を指す言葉「燠火《おきび》」から来ていると思われる。当時はマッチやライターのような便利な点火具がなかったので、このような燠火は、次の調理の火種に再利用できる便利なものだったのだ。別名にある「ベ」は、かまどのことを別名で“へっつい”と呼ぶことから、その「へ」を神の名前にしたものと思われる。

かまどの女神の仲間たち

オキツヒメにはオキツヒコという兄弟がいて、男女一組のかまどの神だとされているが、かまどには「火」がつきものであるため、日本神話の火神ヒノカグツチとも組みあわせ、3柱1組で信仰されることが多い。

このオキツヒメたち3柱のかまど神は、仏教の影響を受けて生まれた「荒神」というかまど神とも合体した。荒神とは神聖な火を守る神で、正式な名前を三宝荒神という。三宝とは仏教信仰の支柱である仏、法、僧のことで、これを守るのが三宝荒神の役目だ。また、火災防止、農業の守護、結婚、育児、旅行の安全、家畜の守護など、家屋と家庭の安全、幸福に関わる多彩すぎる御利益があるという。

オキツヒメを祀る神社は少なくないのだが、彼女を主祭神として祀る神社は規模が小さいことが多く、大きくにぎやかな神社に祀られるときは、ほかの神の脇役として合祀《ごうし》されていることが多い。むしろ彼女が祀られたのは、個々の家の中である。家の大黒柱や台所の壁に、小さな神棚を設置したり、お札を貼って、日ごろの感謝と信仰をあらわした。オキツヒメは人々の暮らしに密着した女神なのだ。

ワシもオキツヒメもそうだが、基本的に火の神というのは戒律が厳格で、守らなかった者に厳しい罰を与える傾向がある。なにせ火は扱いを間違えれば、大火事のような災害を起こすものだからな。

illustrated by 皐月メイ

神と仏が超合体！「神仏習合」

はーいみんなー？ 75ページで、宗像三女神の「イチキシマヒメ」が、仏教の弁才天ちゃんと合体してひとつの神になった、って話をしたのを覚えてるかな？ こういう現象を「神仏習合」っていうの。日本神話の神様のほとんどは、仏教の仏さんと“習合”してるんだよ。なんでこんなことをやることになったのか、くわしく説明するね〜。

どうして神と仏は合体したか？

中国から日本に仏教が伝来したころ、日本の神道は仏のことを外国の神「蕃神《ばんしん》」と呼び、「仏は八百万の神のひとつ」だと考えていた。神道勢力から「蕃神を拝めば神が怒る」と、仏教に敵対する意見も出たが、最終的に仏教は日本に受け入れられ、特に民間において広く信仰されるようになる。

日本古来の神道と、外来だが国内に深く根付いた仏教は、自然発生的に近づき、融合していくことになる。これが「神仏習合《しんぶつしゅうごう》」の始まりなのである。

神と仏を両方信仰しよう

神仏習合の最初のステップとして、まず「神身離脱《じんしんりだつ》」と「護法善神《ごほうぜんじん》」という思想が表に出てくる。

神身離脱とは「日本の神は迷い苦しむ存在で、仏教の力で救われると仏になる」という考え方で、仏教側が神道を取り込むために生み出した思想とされる。この思想の影響で、神社であり寺でもある「神宮寺」という寺院が多く建てられた。

一方で寺院自身も、仏教のなかにもともと存在していた、仏を守るために戦う神がいるという思想「護法善神」の影響から、寺院の中に日本の神を祀る「鎮守社」を建てるようになった。こうして神社で仏を、寺で神を祀るのがあたりまえになり、神道と仏教との垣根がだんだん低くなっていった。

いよいよ神と仏が習合する

平安時代ごろになると、さらに「本地垂迹《ほんちすいじゃく》」という考え方が生まれる。「神道の神は、仏が姿を変えたものである」というもので、神身離脱と同じく仏教側の思惑から生まれた思想だと考えられている。

この考え方から、お互いに性質が似ている神と仏が結びつけられた。例えば「太陽神アマテラスは、太陽の仏である大日如来の化身」「水神イチキシマヒメは、川の仏である弁才天の化身」といった考え方が生まれ、神と仏は一対一対応する表裏一体のような存在になったのである。

現在のように神社と寺、神と仏が明確に区別されるようになったのは、明治時代に発布された「神仏分離令」以降のことで、まだ150年程度しか経っていない。

国作り、国譲り

　かつてイザナギとイザナミが作った日本列島の大地は、
国津神という神々が暮らしていました。
　この章で語られる神々は、国津神のリーダーとなった
「オオクニヌシ」に関わる女神たちと、
その後、日本列島の支配権を手に入れに来た
天津神との交渉で活躍した女神たちです。

アメノサグメ

5分でわかる日本神話④
地上の支配者は誰のもの？

神々の世界での騒動が一段落したところで、物語の視点は我が父母が生み出した地上世界、葦原中国に移る。神々が生み出した葦原中国を別の神が豊かにしたことで、神話の本筋は葦原中国争奪戦の様相を呈してゆくのだ。

地上の支配者は未定だった

これまで紹介してきた神話は、基本的に高《たか》天原《まのはら》や黄泉など、神々の世界を舞台に展開してきました。しかしスサノオが高天原から葦原中国《あしはらのなかつくに》に降りてから日本神話の物語は一転、神々だけでなく人間たちも住む場所、葦原中国を舞台に展開していきます。

スサノオがヤマタノオロチを倒し、根の国に去ったあと、葦原中国は支配者不在で、神と人間が垣根なく暮らす、混沌とした世界になっていました。

この混沌として安定しない世界を豊かな国に作り替えるため、スサノオの子孫「オオクニヌシ」が立ち上がります。

イザナミの命令によると……
アマテラスが支配
ツクヨミが支配
高天原
夜の国
葦原中国
大海原
スサノオが支配放棄して根の国へ
支配者未定!!

実際の歴史でも、人間のみなさんは豊かな土地をめぐって戦っていましたよね？
それは、神々も例外ではないんですよ。
というわけで、国作り神話と国譲り神話とは、こんな内容のお話なのです。

国作り神話 支配者未定だった葦原中国で、スサノオの子孫オオクニヌシが勢力を広げ、支配者となる話

国譲り神話 オオクニヌシと国津神がまとめた葦原中国を、アマテラスたち天津神が統治しようと奪いに来る話

ええっ！
せっかく豊かにした国を、奪われちゃうの～!?

国作り神話はこんな話!

国作りっていうのはね。土地を豊かにしたり、怪物を退治したり、災害を予防したり、とにかく神と人間にとってステキな場所に作りかえるってことよ。うーん、オオクニヌシ君はじつにいい仕事をしたと思うわ～。お姉さん大喜びよ！

国作り神話の内容は、おおまかに前半と後半のふたつに分かれます。前半部は、スサノオの子孫であるオオクニヌシが数多くの兄弟たちから陰惨なイジメを受けながらも力をつけ、兄弟を倒して葦原中国の統治者となる物語です。後半部は、オオクニヌシが仲間の神々の助けを得て、葦原中国を豊かな国土に作りかえていく物語となっています。

なるほどー、つまり、このオオクニヌシ様っていう神様が、国作りの主役なんだね。
それにしても“陰惨なイジメ”って何～!?　知りたいような知りたくないような……。

登場女神

- **サシクニワカヒメ、ウムギヒメ、キサガイヒメ（➡p94）**
- **ヤガミヒメ（➡p98）**
- **スセリビメ（➡p100）**

国作り神話の内容は、174 ページでチェック！

国譲り神話はこんな話!

豊かな国があれば、そこを求めて争いが起きる。どの時代でも同じことですのね。国譲り神話では、お話の主役がオオクニヌシ様たち国津神から、アマテラス様たち天津神に移るんです。

オオクニヌシの努力によって、葦原中国は黄金色の稲穂が実る豊かな国になりました。これを見たアマテラスは、この豊かな国は自分の子孫こそが統治するのにふさわしいと思うようになりました。

天津神たちは、葦原中国の支配者であるオオクニヌシからこの国の支配権を手に入れるべく、対話と武力を織り交ぜた交渉に挑むことになります。

国“譲り”といえば聞こえはいいが、控えめに言って脅迫よな。しかしこれは、この国と天津神にとって必要なことだったのだ。

登場女神

- **アメノサグメ（➡p104）**
- **シタテルヒメ（➡p106）**

国譲り神話の内容は、176 ページでチェック！

あの子が死んだらスクランブル！

サシクニワカヒメ&ウムギヒメ&キサガイヒメ

記：刺国若比売、紀：登場せず／記：蛤貝比売、紀：登場せず／記：蚶貝比売、紀：登場せず
別名：なし／宇武賀比売命（うむかひめのみこと）／支佐加比売命（きさかひめのみこと）

大神オオクニヌシを救った女神たち

のちに葦原中国の大改造という事業を成功させ、葦原中国の支配者となるオオクニヌシがまだ若かったころ、彼はオオナムチという名で呼ばれていた。オオナムチは数多い兄弟のなかで面倒な役目を押しつけられる、立場の弱い子供だった。だがそんな彼が兄弟たちをさしおいて、評判の美女であるヤガミヒメ（➡p98）の心を射止めたことで、オオナムチは兄弟にとって憎い敵となり、何度も殺されてしまう。

だが、殺されるたびにオオナムチに手をさしのべ、すくい上げた女神がいる。それがオオナムチの母親であるサシクニワカヒメと、彼女に呼ばれて助けにかけつけたウムギヒメとキサガイヒメである。

3柱のうちサシクニワカヒメがどのような力を持つ神なのかについては、神話でも神道の信仰でもほとんど解説されていないが、ウムギヒメとキサガイヒメの特徴ははっきりしている。ウムギヒメ（蛤貝比売）のウムギとは、漢字のとおりハマグリのことだ。キサガイヒメ（蚶貝比売）のキサガイとは、年輪のある貝ということで、これは赤貝の女神だということがわかっている。ふたりとも貝の女神のコンビなのだ。そしてウムギヒメとキサガイヒメの能力は、傷ついた者を癒すことである。なぜ貝の女神が治療になっているのかは、実際の物語を見ながら説明していくことにしよう。

オオナムチの1度目の死

オオナムチの兄弟たちを、『古事記』は“八十神《やそがみ》（多くの神、の意味）”と呼んでいる。ヤガミヒメがオオナムチを選んだことに怒った彼らはあの手この手でオオクニヌシを罠にはめ、ときには実力を行使して、オオクニヌシを抹殺しようとする。

あるときは、「山にいる赤いイノシシを我々が追い立てるから、オオナムチは坂を降りてきたところで捕まえろ」と命令した。オオナムチは、轟音をあげて坂を降りてきた赤い塊を受け止めるが、それはイノシシなどではなく、真っ赤に焼かれた巨大な石だったのだ。オオナムチは全身に大やけどを負って死亡してしまう。

大事な息子の死を聞いたサシクニワカヒメは、すぐさま高天原に向かい、カミムスヒ（➡p22）という神に会って、オオナムチを助けるよう懇願した。カミムスヒは彼女の願いに応え、ウムギヒメとキサガイヒメを派遣したのである。

2柱の女神は、まずキサガイヒメが貝殻を割って削り集め、そこにウムギヒメがハマグリの汁を混ぜて母乳のような薬を作った。この薬をオオナムチに塗ると、なんと死んだはずのオオナムチがよみがえったのである。

illustrated by あみみ

このときふたりの貝の女神が作ったのはどんな薬だったのだろうか？　現在では２種類の有力な説がある。ひとつは、薬の外見が母乳に見立てられていることから、母乳の持つ神秘的な生命力が回復に役立ったという説だ。もうひとつは科学的な説で、彼女たちが作ったのは、皮膚炎に効く民間療法の薬だったという説である。どちらにしてもやけどをしたオオナムチの肌は元どおりになったとされている。

この神話に登場する赤い岩は、鳥取県西伯郡南部町にある赤《あか》猪《い》岩《いわ》神社に祀られており、近くにはウムギヒメが薬の材料に使ったとされる水も湧いているという。

オオナムチの2度目の死

母親の直談判と女神の力で命をつないだオオナムチだったが、またもや八十神に命を奪われる。八十神は樹を縦に割って裂け目を作ると、くさびを打ち込んで隙間を作る。そして、その樹の裂けた隙間にオオナムチが入ったところで、八十神たちはくさびを引っこ抜いた。オオナムチは、くさびを抜かれたことで元に戻ろうとした樹に挟まれ、圧死してしまったのだ。すると今度はサシクニワカヒメが単独で、樹を裂いて遺体を取り出し、オオナムチをその場で生き返らせたという。

せっかく必死で息子を生き返らせたのに、こうも八十神の迫害が激しいと、いつかは手遅れになって本当にオオナムチが死んでしまう。サシクニワカヒメは、息子を「木の国」（紀伊国のこと。現在の和歌山県）にいるオオヤビコという神にかくまってもらったが、そこにまで八十神が武器を持って押しかけてきてしまう。オオナムチはオオヤビコの勧めに従って葦原中国を離れ、根の国に住む自分の祖先、スサノオのもとに行くことになるのである（➡p98）。

『出雲国風土記』でのウムギヒメとキサガイヒメ

『古事記』では医療の女神として登場したウムギヒメとキサガイヒメだが、出雲国の歴史、神話、伝承などをまとめた『出雲国風土記』（➡p130）では、また違った立場で神話に登場する。さらに、キサガイヒメは「キサカヒメ（支佐加比売命）」、ウムギヒメは「ウムカヒメ（宇武賀比売命）」と『古事記』とは違う名前で登場。『古事記』では、２柱の女神と、彼女たちを派遣したカミムスヒの関係は明確でなかったが、『出雲国風土記』では女神たちはカミムスヒの娘となっている。

キサカヒメは、嶋根郡加賀郷の伝説に登場している。この地にある洞窟の中があまりに暗いので、キサカヒメは「暗き岩屋なるかも」とつぶやいたあと、黄金の弓から矢を放ち、周囲を光り輝かせたという。加賀郷の名前の由来はこれで、キサカヒメの矢が光り輝くから「かが」なのである。

一方、ウムカヒメは同じく嶋根郡は法吉郷の語源となった逸話に登場。この地に法《ほほ》吉鳥《きどり》（ウグイスのこと）の姿で静かに降り立ったため、この名前がついたという。

ウムギヒメちゃんとキサガイヒメちゃんが作った、貝殻粉末汁は、現実の医療でも使われていた「石灰乳」っていう薬に成分がちょっと似てるわね。石灰乳は殺菌効果がある塗り薬よ〜。

神社にいる神様の種類いろいろ

ねえねえアマテラス様～。この神社に祀られてる神様って、どんな神様なんですかー？　神話に出てくる神様はいろいろ教えてもらったけど、この名前ははじめて見るような気がしますー。

どれどれ……あ、こりゃわかるわけない。この神、神話に出てこないもの。実は神社に祀られてる神って、『古事記』や『日本書紀』に出てくる子ばっかりじゃないんだな～。

一般的に日本神話の神々とは『古事記』『日本書紀』『風土記』に紹介されているものである。だが日本の神社では、これらの神話に登場しない神々も信仰の対象になっているのだ。神社の神を分類すると、おおむね以下の５種類に分けられる。

神話の神

『古事記』や『日本書紀』などの「記紀神話」に登場する神々で、おもに天津神と国津神に分かれる。

実は両者に厳密な分類はないが、国譲りの交渉以前から葦原中国に住んでいた神を「国津神」、高天原に住んでいたり、国譲りの交渉以降に葦原中国に降りてきた神を「天津神」と呼ぶのが一般的である。

土着神

「記紀神話」には登場しないが、古くから特定地方で信仰されていた地方神。豪族の祖先となった神などは「氏神《うじがみ》」と呼ばれる。

民間神

民衆の生活のなかから自然発生的に生まれた神。自然の神、生命の神、家の神、仕事の神、疫病神などがある。

習合神

「神仏習合」（➡ p90）によって、神道の神と、仏教など他宗教の神が合体したもの。

人格神

天皇、英雄、不幸な死を迎えた人物などが神として祀られる。神社に祀られる天皇は、平安神宮の桓武天皇、明治神宮の明治天皇が特に有名。また全国の八幡神社で祀られる八幡神とは、第15代応神天皇のことである。恨みを持って死んだ人を神として祀ったものは「御霊《ごりょう》神」といい、菅原道真（各地の天満宮・通称「天神様」）、平将門（神田明神）などが有名である。

人格神は、偉大な人物なら誰でも神様にしてしまう。徳川家康は日光東照宮の主祭神じゃし、日露戦争の東郷平八郎提督は東郷神社のご神体だ。百人一首の柿本人麻呂は、神戸の柿本神社で和歌の神になっておるな。

なんと！　人間でも神様になれる!?
それなら、わたしもすごい国史を編纂すれば神になれるかも！
目指せ、歴史神!

ウサギに優しい旦那様♥

ヤガミヒメ

記：八上比売命、紀：登場せず

因幡の国のお姫様

因幡《いなば》の白兎という昔話をご存じだろうか？　悪知恵のはたらく白兎が、だましたサメに逆襲されて全身の毛皮をはがれてしまう。通りかかった男たちが白兎に意地悪をするが、そのあとに通りかかった青年がウサギを優しく介抱したので、青年は優しい男だということを証明し、意地悪なライバルたちを尻目に嫁取りに成功するという物語である。実はこの昔話は『古事記』に収録されている神話「オオクニヌシの国作り神話」の序盤を、単体のお話として成立させたものなのだ。ヤガミヒメはこの昔話と神話のヒロインで、オオクニヌシの妻となる女神である。

因幡の白兎の神話は、日本を代表する２冊の歴史書のうち『日本書紀』には掲載されず、『古事記』のみに書かれている神話である。主人公のオオクニヌシには八十神と呼ばれる多くの兄弟がいたが、あるとき全員連れだって美人と評判だったヤガミヒメに求婚するため、旅の荷物を全部オオクニヌシに押しつけ意気揚々とヤガミヒメのもとに向かうのである。ここから先の物語は昔話と同じで、オオクニヌシに助けられたウサギは「八十神ではなくあなたがヤガミヒメの夫になりますよ」と予言し、実際にそのとおりになったのだ。

夫との早すぎる別れ

オオクニヌシを自分の夫に選んだヤガミヒメだったが、幸せで平穏な新婚生活を送ることはできなかった。彼女にも夫にも、敵が多すぎたからだ。

94ページでも紹介したが、オオクニヌシは兄の八十神たちに「ヤガミヒメを奪った」と逆恨みされ、さまざまな手口で殺害されてしまう。そのたびにオオクニヌシは生き返るのだが、八十神の攻撃を避けるために、地下世界「根の国」に行かなければならなかった。もちろんヤガミヒメが同行することは不可能である。

そしてオオクニヌシが八十神打倒のための武器をもらって、根の国から帰ってきたとき、彼の隣には新しい妻、スセリビメ（➡p100）がいた。すでにオオクニヌシとのあいだに子供も生まれていたヤガミヒメだったが、嫉妬深いスセリビメを恐れ、子供を木の股にはさんで故郷に逃げ帰ってしまったのだ。その子供の名はキノマタノカミ（木俣神）といい、木と水と安産の神として信仰されている。

ヤガミヒメの出身地、八頭郡若桜町の谷はヒスイの原産地でな。オオクニヌシとヤガミヒメの結婚は、加工技術にすぐれた出雲国と、ヒスイの原産地の交流を結婚という形で描いたものではないかという説がある。

illustrated by A ちき

愛していいのは私だけ！

スセリビメ

記：須勢理毘売命、紀：登場せず　別名：和加須世理比売命（わかすせりひめのみこと）

もっとも嫉妬深い女神

98ページで紹介したオオクニヌシの妻ヤガミヒメは、のちに正妻となった女神の嫉妬を恐れて逃げ出した。その正妻の名前は、スセリビメという。

彼女は日本神話の英雄神であるスサノオの実の娘であり、乱暴者で知られた父の気性を受け継いでいる。その気性は名前にもあらわれている。スセリビメの“スセ”は、進むという意味の“スス”や、荒《すさ》ぶの“すさ”と同じ語源を持つ言葉で、あえて訳すなら積極的な女神という意味になる。

スセリビメの嫉妬の対象となったのはヤガミヒメだけではない。神話ではオオクニヌシは、ヌナカワヒメ（➡p150）という女神に求婚の歌を贈り、結ばれているのだが、スセリビメは当然これにも強く嫉妬し、困ったオオクニヌシは出雲国から大和国（現在の奈良県）に逃げようとまで考えた。

しかしオオクニヌシとヤガミヒメは、和歌を交わすことで愛情を確かめ、しだいに仲むつまじい夫婦になっていったという。オオクニヌシはその後も何柱もの女神と結婚して子を産ませているが、少なくとも『古事記』では、その後のスセリビメが嫉妬に狂ったという記述は見られなくなっている。

国作りのパートナー

そもそもスセリビメがオオクニヌシと出会ったのは、彼が八十神の攻撃から逃れるために、死者の世界である根の国に行ったときのことだ。オオクニヌシとスセリビメは一目でおたがいを気に入って結婚し、彼女の父スサノオに紹介された。ところがスサノオは、娘の恋人であるオオクニヌシにさまざまな試練を与える。

スサノオがオオクニヌシを、蛇のたくさんいる部屋、蜂の部屋、ムカデの部屋に入らせたとき、スセリビメはそれらを払う特別な布を与えてオオクニヌシの身を守った。そのほかにも知恵や道具でさまざまな助力をしたことで、オオクニヌシはスサノオの試練を突破することができた。こうしてスサノオはオオクニヌシを認め、八十神を倒すための武具「生太刀《いくたち》」と「生弓矢《いくゆみや》」を与えたのである。

恐ろしい嫉妬ぶりが目につくスセリビメだが、彼女がいなければ、オオクニヌシは兄の八十神を倒すことも、日本の国作りをすることもできなかっただろう。

女神様って、偉大なら偉大なほど嫉妬が激しい傾向があるんですって。じゃあ、アマテラス様が誰かに嫉妬したら……ぶるぶるぶるぶる、考えないことにいたしましょう！　ええ！

illustrated by 日吉ハナ

トイレでアソコにストライク！

セヤダタラヒメ

記：勢夜陀多良比売、紀：三嶋溝織姫（みしまのみぞくいひめ）、玉櫛姫（たまぐしひめ）

女性器を突かれて結婚した女神

女性の体のなかでいちばん大事な部位はどこだろうか？　顔が命、髪が命という見方もあるだろうが、それと並んで大事なのは、子供を産むという女性ならではの能力をもたらす女性器だろう。セヤダタラヒメは、この女性器に矢を突き込まれるという、とんでもない逸話を持つ女神である。

彼女は摂津国《せっつのくに》（現在の大阪府北部と兵庫県南東部にまたがる）のミシマミゾクイ（三島溝咋）という人物の娘で、美人として評判だった。彼女を見初《みそ》めたオオモノヌシ（➡p190）という神はセヤダタラヒメに求婚するのだが、その方法がとんでもないものだった。あるときセヤダタラヒメが、川の上に作られたトイレ小屋で用を足していると、オオモノヌシは丹塗矢《にぬりや》（赤く塗った矢のこと）に変身して川に流され、セヤダタラヒメの真下から飛び上がり、彼女の女性器に突き刺さったのである。

あまりのことに驚いたセヤダタラヒメが、その矢を自分の部屋に持ち帰ると、矢はたちまちハンサムな男性に変身した。そこでセヤダタラヒメはオオモノヌシと結婚したのだという。ふたりのあいだに生まれた娘は、女性器（ホト）を突かれて産まれた女神なので、ホトタタライススギヒメ（➡p126）と命名されている。

これらの神話は、国作りの神話よりもずっとあとの時代、神武天皇が即位したあとの神話に、過去の出来事として紹介されている。そのため彼女がいつごろ生まれ、活躍したのかは定かではないが、彼女の夫であるオオモノヌシが、オオクニヌシの魂の一部だとされていることから、国作りの神話以降、天孫降臨の神話までのどこかで活躍した神だと推測することができる。

国津神の正統血統

同様の神話は『日本書紀』でも紹介されているが、こちらでは女神の名前と夫の神が異なっている。『日本書紀』で女性器を突かれて結婚した女神は「タマクシヒメ」と呼ばれており、彼女を見そめたのはオオモノヌシではなく、オオクニヌシの子供である神託の神、コトシロヌシである。ただしどちらの場合でも、女性器を突かれた女神の娘が、国津神の首領オオクニヌシの血を引いていることには変わりがない。彼女の娘は、のちの神話で重要な役割を果たすのである（➡p126）。

オオモノヌシは、タマヨリビメという女神相手にも、正体を隠して夜這いをしかけておる。このときは娘の親の指示で、オオモノヌシが帰るときに服に糸を取り付けさせたので、それをたどって正体がわかったそうだが。

illustrated by けいじえい

破滅を導く悪女神

アメノサグメ

記:天佐具売、紀:天探女

主人の破滅を招く女神

アメノサグメは、占いに長けた女神である。その実力は『日本書紀』での名前に「探」の字が入っていることからもわかる。古来より占いといえば、なくした物を探したり、問題の解決法を“探る”ために行うものだからだ。

彼女が登場するのは、高天原の主神アマテラスが自分の子孫を葦原中国に送り込む「天孫降臨」の神話である。アメノサグメは、高天原からの使者に選ばれた男性神、アメノワカヒコ（天若日子）の従者として葦原中国に使わされた。

葦原中国を支配する国津神「オオクニヌシ」を説得し、支配権を天津神に譲らせるのがアメノワカヒコの任務であり、そのために高天原の宝である神の武具、天之羽士《あめのはじ》弓《ゆみ》と天之加久矢《あめのかくや》まで与えられていたのだが、彼は役目を放棄してしまう。アメノワカヒコは、オオクニヌシの娘で絶世の美女であるシタテルヒメ（➡p 106）と結婚し、天津神を裏切ったのである。

葦原中国に降りてから8年間、なんの連絡も送ってこないアメノワカヒコを不審に思った天津神たちは、ナキメ（鳴女）というキジの神を送り込んで彼を問い詰めようとした。ここで登場するのがアメノサグメである。彼女は「キジの鳴き声が不吉だ」とアメノワカヒコをそそのかした。アメノワカヒコはアメノサグメを信じ、相手が高天原の使いとも知らずに、ナキメを天之羽士弓で撃ち殺してしまう。

高天原の使いを射殺してしまったアメノワカヒコは、その後の神話で破滅の道をたどる（➡p106）のだが、その原因となったアメノサグメはこれ以降神話に登場しない。彼女がナキメを撃つよう入れ知恵した理由も、神話には書かれていない。

邪悪な占い師か、天邪鬼か

アメノサグメの正体については謎が多い。現代の神話研究では、神と交信する能力を持った「巫女」を神格化した存在だという説があるが、平安時代に書かれた辞書『和名類聚抄《わみょうるいじゅしょう》』では、アメノサグメは天界に住む「天津神」だとも、地上の神「国津神」だともされる一方で、「鬼魅類」つまり妖怪のたぐいだともされている。

そのほかには、アメノサグメは、嘘ばかりつくことで有名な妖怪「あまのじゃく」の祖先ではないかという説もある。

アメノワカヒコさんって、高天原に奥さんと子供がいるのにシタテルヒメさんと結婚したんだよね。その奥さんと子供がお葬式に来たのに、暖かく迎えたシタテルヒメさんって、すごいイイ人……あ、イイ神様だね。

illustrated by 天領セナ

死んでも愛した天の夫

シタテルヒメ

記：下光比売命、下照比売命、紀：下照姫　別名：高比売命（たかひめのみこと）

夫を深く愛した国津神

シタテルヒメは、国津神の頭領であるオオクニヌシが、アマテラスとスサノオの“誓約《うけい》”で生まれた宗像三女神（➡p74）のタギリヒメに産ませた娘である。シタテルとは「下照」と書き、輝くばかりに美しいことを意味する。彼女は、104ページで紹介した、天孫降臨神話で悪役のような扱いをされている天津神「アメノワカヒコ」と結婚し、夫を失った悲劇のヒロインなのだ。

国譲りの交渉のために葦原中国にやってきたアメノワカヒコは、オオクニヌシの娘シタテルヒメと結婚し、オオクニヌシの後継者を狙うようになる。シタテルヒメとの夫婦関係がどうだったのかは神話には書かれていないが、のちの物語を見る限り、少なくとも険悪な夫婦関係ではなかったことだけは確実だろう。

やがてアメノワカヒコが邪心を起こし、高天原からタカミムスヒが投げ降ろした矢によって命を落としてしまうと、シタテルヒメは夫の死を悲しみ、8日間にわたって弔いの歌と踊りを捧げ続けた。その泣き声は高天原まで届いたという。

アメノワカヒコが死んだことを知った高天原からは、アメノワカヒコの高天原での家族が降りてきて、彼のために小屋を建てて喪に服した。ところがそこに、シタテルヒメの兄であるアヂシキタカヒコネがあらわれた。この神の外見はアメノワカヒコそっくりだったので、アメノワカヒコの家族は「息子が生き返った」と勘違いし、彼の手足にすがりついて喜んだが、間違われたアヂシキタカヒコネのほうは「自分を死人と間違えるとは何事か」と怒り、弔いの小屋を大量《おおはかり》（別名：神度剣《かむどのつるぎ》）という剣で斬り倒してその場を去ってしまった。アメノワカヒコの家族は、その直後にシタテルヒメから捧げられた和歌によって、アヂシキタカヒコネの正体を知らされたという。

シタテルヒメは何の女神なのか

神話には、シタテルヒメがどんな能力を持った女神なのかは書かれていないが、出雲大社の分社として作られた神社を中心に、シタテルヒメを主な祭神として祀る神社は多い。社伝によればこの女神は、父のオオクニヌシを助けて国作りに多大な功績があったという。また島根県の賣豆紀《めつき》神社では和歌の祖としてあがめられ、これは神話の最後に兄の正体を和歌で説明したことが元になっているようだ。

タカミムスビさんも、アメノワカヒコが本当に裏切ったかどうか、半信半疑で矢を投げたと思うの。まさか本当に高天原を裏切るなんてねえ……お姉さんだって自分の子孫を処罰するとかしたくなかったよ。グスン。

illustrated by 蘇芳サクラ

神無月は神様大移動！

もう９月も終わりか〜、最近だんだん日が短くなってきたなー。
……あれ、みんな、こんな遅くからお出かけなの？

うむ。そろそろ神無月であるからな。
神々はみな出雲国に行かねばならんのだ。
まろん、留守は頼んだぞ、それでは行ってくる。

え〜!?
わたしも連れて行ってくださいよ〜!!

日本では１月から12月までの毎月に、漢字の名前がついている。１月は睦月、４月は弥生、そして10月は神無月《かんなづき》と呼ばれている。神無月という名前の意味についてはいろいろな説があるが、もっとも有名なのは「10月は日本中から神がいなくなるから神無月」というものだ。

平安時代後期の、和歌の解説書『奥義抄』によると、「10月は、天下の神が出雲国に行く」と書いてある。出雲国以外に神々がいなくなるから神無月というわけだ。鎌倉時代後期の語源辞典『名語記』では、さらにくわしく理由が解説され、「神々は会議をするために出雲大社に集まる」と説明している。そのため出雲国（現在の島根県）では、10月になると神が増えるので、10月を「神在月《かみありづき》」と呼ぶ。そして出雲大社では旧暦の10月10日、海から来る神々を出迎える神事が行われている。

はーい質問でーす！　なんで出雲に神様が集まるんですかー？
神道の総本宮って、アマテラス様がいる伊勢神宮だと思いまーす。
伊勢に集まればいいのにー。

まだ学術的に裏付けられている話ではないのだがな、はるか昔は、伊勢神宮よりも出雲大社のほうが格の高い神社だったのではないか、という説があるのだ。そうだとすれば出雲大社に集まるのもうなずけるがな。

これはナイショの話なんだけど、実は歴代の天皇のなかで、公式行事として伊勢神宮に参拝したのって、明治天皇が初めてなんだよね。
理由？　それはトップシークレットでお願いしたいなあ。

な、なんだか触れてはいけないものに触れたような気がします……。

まあほかにも「儀式がないから神無月」とか「お米を噛んで酒を造る（噛み成し）時期」だからカンナヅキとか、いろんな語源の説があるよ。そもそも神が出雲に行くこと自体、出雲大社の宣伝だって説まであるし……。

せ、宣伝だったー!?

天孫降臨、神武東征

天津神が支配権を獲得した日本列島「葦原中国」の大地に、ついにアマテラスの子孫「天孫」が降り立ちます。
彼らは九州で子孫を増やして繁栄すると、日本の中心地である近畿地方に向かって大遠征を開始します。
このとき天孫たちのリーダーだった「カムヤマトイワレビコ」が、のちの初代天皇、神武天皇になるのです。

illustrated by とんぷう
コノハナサクヤビメ&イワナガヒメ

5分でわかる日本神話⑤
天皇家のご先祖さまがやってきた！

はいはーい、国譲りの交渉、見事に成功～！
交渉担当のタケミカヅチ君、でかしたわ！ じゃあ次は、お姉さんの子孫を送り込まないとね。「天孫降臨」の神話は、このアマテラスお姉さんの子孫が葦原中国に降臨した後の歴史を説明する神話よ。

「天孫」とは、アマテラスの子孫のこと

「国譲り」（➡p92）の神話で、葦原中国（日本列島）の支配権を手に入れたアマテラスは、自分の子孫を葦原中国に送り込みます。「天津神の子孫が（葦原中国に）降臨した」ので、この出来事は「天孫降臨」と呼ばれます。

天孫が降り立ったのは「高千穂峰」という九州の山でした。天孫たちはその後も九州で暮らし、土着の国津神などと結婚して、一族を増やしていきます。

天孫は九州に降り立った

高千穂峰《たかちほみね》
天孫が降り立った高千穂峰の候補地は２か所。どちらも日向国（宮崎県）の内陸部にあります。

「天孫降臨」の神話とは？

天孫の初代であるニニギから、カムヤマトイワレビコまでの４世代にわたる「天孫降臨」神話は、神話の神々が世代を重ねるにつれ、どのように現在の人間に近づいていったのかを説明する神話です。

天孫たちはみな男性であり、国津神の女神との結婚によって、短い寿命と多産による繁栄、農業や漁業など、人間の特性、生活の技術を身につけていくのです。

天孫とは、葦原中国に降りた天津神の総称だが……なかでも特にアマテラスの子孫が重要だからな。この章ではアマテラスの孫、ニニギから連なる天孫の歴史について紹介しよう。右のページに載せたのは、初代の天孫であるニニギの子孫が、どのように血脈をつないでいったかを示す家系図だ。

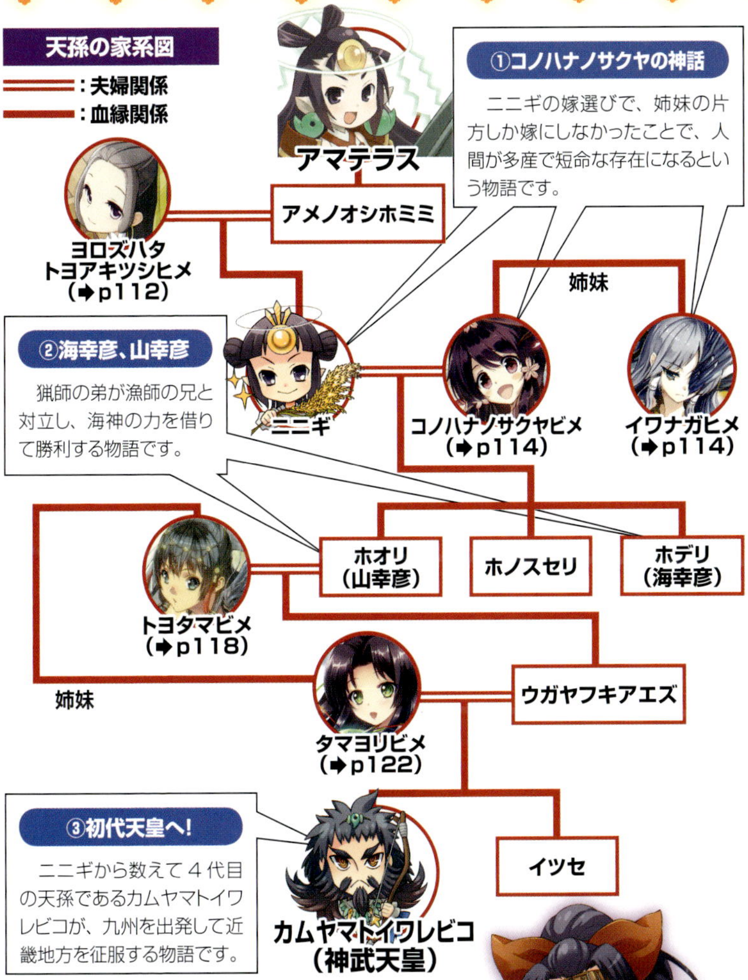
天孫の家系図
：夫婦関係
：血縁関係
アマテラス
アメノオシホミミ
ヨロズハタ
トヨアキツシヒメ
（➡p112）
①コノハナノサクヤの神話
ニニギの嫁選びで、姉妹の片方しか嫁にしなかったことで、人間が多産で短命な存在になるという物語です。
姉妹
ニニギ
コノハナノサクヤビメ
（➡p114）
イワナガヒメ
（➡p114）
②海幸彦、山幸彦
猟師の弟が漁師の兄と対立し、海神の力を借りて勝利する物語です。
ホオリ
（山幸彦）
ホノスセリ
ホデリ
（海幸彦）
トヨタマビメ
（➡p118）
ウガヤフキアエズ
姉妹
タマヨリビメ
（➡p122）
③初代天皇へ！
ニニギから数えて４代目の天孫であるカムヤマトイワレビコが、九州を出発して近畿地方を征服する物語です。
イツセ
カムヤマトイワレビコ
（神武天皇）

神話から“歴史”への転換点

高天原神話までのお話で活躍されていたのは、基本的に神様と怪物ばかりで、人間のみなさんはほとんど登場しません。

ですけどこの「天孫降臨」の神話から天孫様は急に人間に近づいていきますし、神話の出来事も現実的なものが増えていきます。天孫降臨は、日本「神話」から、日本の「歴史」への転換点なんですね。

機織りは女神の仕事です！

ヨロズハタトヨアキツシヒメ

記：萬幡豊秋津師比売命、紀：栲幡千千姫命（たくはたちぢひめのみこと）、
天萬栲幡媛命（あめのよろづたくはたひめのみこと）など

多くの布を織る女神

「記紀神話」には、天津神の最高神であるアマテラスが機織《はたお》りで布を織るシーンが描かれている。このように日本では、機織りは女性が行う重要な仕事であると同時に、神聖な仕事でもあった。そうなると当然ながら、この機織りを専門にする女神も存在する。そのひとりがヨロズハタトヨアキツシヒメだ。ヨロズは「八百万の神」と同じで“たくさんの”という意味であり、「トヨアキツ」とは“上等の布”を意味する。つまり上等の布をたくさん機織りする女神、という名前である。ただしトヨアキツは「豊に実った田んぼ」という解釈もあり、こちらを採用すると農業の神ということになる。

この女神には、タクハタチジヒメ（栲幡千千姫命）、アメノヨロヅタクハタヒメ（天萬栲幡媛命）など多くの別名が存在するが、漢字の意味はどれも同じであり、機織りの女神という特徴が強調されている。

初代天孫を産んだ母神

『古事記』には、この女神についての記述はほとんど存在しない。わずかに、アメノオシホミミという神が自分の息子ニニギを紹介する場面で、「このニニギは、自分が、高木神（造化の三神（➡p20）の1柱、タカミムスヒのこと）の娘であるヨロズハタトヨアキツシヒメと結婚して作った子供だ」という記述があるのみである。

彼女の息子であるニニギは、オオクニヌシたち国津神から譲られた葦原中国を支配するため、高天原から葦原中国に移住した「天孫」の初代である。つまりヨロズハタトヨアキツシヒメは、天皇の先祖を産んだ女神なのだ。

現代の神社にも、初代天皇の曽祖母であるこの女神を祀る神社は少なくないが、天皇家に関係する多くの神の1柱として祀られたり、息子のニニギとセットで祀られていることが多い。この女神を主な祭神として祀る神社の多くは、京都市北区、今宮神社の境内にある「織姫神社」のように、彼女を織物の神として祀る神社である。

ちなみに、『古事記』の約百年後に編集された神道の資料『古語拾遺』によると「岩戸隠れ」（➡p58）の神話で、アマテラスを誘い出すためにアメノタナバタヒメという女神が絹の衣を織っており、この女神はヨロズハタトヨアキツシヒメの別名ではないかという説がある。

はーい、みんなー？ 実は世界でも、織物は女性の仕事だって知ってる？男が狩りをしているあいだ、女は家を守りながら布を織る。これぞ男女の役割分担だねっ。もちろんお姉さんも得意です！

illustrated by 湖湘七巳

太いのと長いの、どっちが欲しいの？

コノハナノサクヤビメ＆イワナガヒメ

記：木花之佐久夜毘売、紀：木花開耶姫命／記：石長比売、紀：磐長姫

山の娘の巫女ふたり

高天原から降りてきた天孫たちは、少なく見積もっても数十万年の寿命を持つ長命な人々だった。だが天孫の直系子孫である神武天皇が即位すると、その寿命は数百年まで落ち、その後の皇室の方々は、人間と変わらない寿命になっている。

なぜこのように天孫の寿命が短くなったかというと、それは初代天孫、ニニギとお見合いをした双子の女神が原因なのだ。

双子の女神は、山神オオヤマツミの娘で、姉がイワナガヒメ、妹がコノハナノサクヤビメという。コノハナノサクヤは、木に咲く花のように美しいという意味で、一説によれば桜を神格化した女神だという。イワナガヒメとは、岩のように永久に変わらない女性という意味で、妹と違って醜い女神だった。ふたりの役目は、水際に立つ八尋《やひろ》殿《との》という建物で神に捧げる布を織り、神々を迎えることである。

なお、コノハナサクヤの本名は「カムアタツヒメ」または「カヤツヒメ」だが、通称であるコノハナノサクヤビメがあまりに有名なため、本項ではこの名前で紹介する。

天孫の命が短くなったわけ

高天原から九州は高千穂峰に降り、葦原中国での暮らしをはじめていたニニギは、コノハナノサクヤビメに一目惚れし、その場で結婚を申し込んだ。この申し出に父親のオオヤマツミはおおいに喜び、コノハナノサクヤだけでなく姉のイワナガヒメも妻にしてほしいと、ふたりを一緒に送り出した。ところがニニギは、醜い外見のイワナガヒメとの結婚を断り、コノハナノサクヤだけを妻にして、イワナガヒメは父のもとに送り返してしまったのだ。

これに驚いたのはオオヤマツミである。実は彼は、この結婚に誓約《うけい》という、一種の魔法をかけていた。イワナガヒメと結婚すれば、生まれる子は、雨が降っても風が吹いても、まるで石のように永久に生命があるようにと願い、コノハナノサクヤとの結婚には、生まれた子は花が咲くように栄えるように、と願ったのである。

しかし、イワナガヒメを返したことで魔法は失敗し、ニニギの子孫は花が咲くように栄えるものの、花が散るように短命になるだろう、とオオヤマツミは予言する。神武天皇以降、天孫の寿命が極端に短くなったのは、ニニギがイワナガヒメと結婚しなかったためだというのが神話の説明するところである。『日本書紀』の別伝では、イワナガヒメが自分だけ送り返されたことを恨み「人間は木の花のようにはかなく移ろい衰えていく」と言ったため、人間の寿命が短くなったとしている。

出産でも一悶着

イワナガヒメとの一件でトラブルがあったとはいえ、ニニギとコノハナノサクヤビメの結婚は無事に成立したのだが、またしてもこの夫婦には騒動が降りかかる。なんと結婚初夜の翌日、コノハナノサクヤが妊娠していることが発覚したのである。

もし現代で、結婚初夜の翌日に、花嫁が妊娠していることがわかったらどうなるだろうか？　相当な修羅場になることは間違いないが、それは神話の時代でも同様だった。ニニギはあまりに早過ぎる妊娠を怪しみ、おなかの子供は、実はニニギとの結婚前に交わっていた、国津神の男とのあいだにできた子ではないかと、ごく当たり前な疑いをかけたのである。

これにおさまらないのがコノハナノサクヤだった。もちろん本人のことだから、彼女がほかの男と浮気していないのは自分が一番よく知っている。ニニギの仕打ちに怒り驚いたコノハナノサクヤは、思い切った方法で身の潔白を証明しようとする。彼女は出口のない小屋を建てて、そこを出産用の産屋とし、建物に火をかけた中で出産を敢行したのだ。コノハナノサクヤは「天津神の子なら無事に生まれるだろう」と宣言し、宣言どおりに３人の子供を無事産み落とした。しかも、赤ん坊のヘソの緒を切った竹の刃物が竹林に変わるという別の奇跡まで起きたのである。

出産を終えたコノハナノサクヤは、自分を疑ったニニギを攻め立てたが、ニニギは「天津神の子の力を人々に知らしめるため、わざとコノハナノサクヤを怒らせたのだ」と応じて妻の怒りをやりすごしたという。

その後の岩花姉妹たち

炎のなかで無事に子供を産んだという経緯から、コノハナノサクヤビメは「安産」「家庭円満」「火消し」など多数の御利益のある神として、全国にある浅間神社などで主神として信仰される。特に浅間神社の総本宮、静岡県の「富士山本宮浅間大社」では「浅間大神《あさまのおおかみ》」という別名でニニギと一緒に祀られている。

浅間大社で彼女が祀られている理由のひとつに「富士山の噴火を鎮めるため」というものがある。浅間大社の社伝によれば、７代天皇、孝霊《こうれい》天皇の時代、富士山が大噴火を起こした。しかしコノハナノサクヤビメを祀ったところ、その御利益で噴火が静まったのだという。

また、彼女は出産を祝うために酒造りをしたことなどから、父のオオヤマツミともども酒の守護神としても信仰されるようになった。

一方、ニニギに送り返され、一説ではニニギの子孫や生あるものが木花のように衰えるだろうと呪ったイワナガヒメも、現在では神話にあったように長寿の女神として、また縁結びの神として人々の信仰を集めている。

ニニギ君の言い方がひどい！　って思うかもしれないけど仕方ないの。だってお姉さんの血が入ってない子がニニギ君の後継ぎになったら、天孫降臨の意味がなくなっちゃうんだもの。厳しいのは許してあげて！

illustrated by アカバネ

出産はオンナの聖域！

トヨタマビメ

記：豊玉毘売命、紀：豊玉姫命

昔話のお姫様

『海幸彦山幸彦』という昔話をご存じだろうか？　狩人である弟が、漁師である兄の釣り針をなくしたところから始まる、壮大な兄弟ゲンカの物語である。

国定教科書にも採用されているこの昔話の主人公は、実はどちらもアマテラスの子孫、天孫なのだ。最初の天孫ニニギとコノハナノサクヤビメ（➡p115）のあいだに生まれた兄弟の名前は、弟はホオリ（火遠理命、山幸彦）、兄はホデリ（火照命、海幸彦）といい、ここで紹介するトヨタマビメは、山幸彦ホオリの妻となった女神である。

トヨタマビメは海神ワダツミの娘であり、その正体は八尋和邇《やひろわに》（『日本書紀』では龍）である。豊玉とは勾玉《まがたま》のことであり、日本神話研究の視点からは、当時勾玉の産地として有名だった出雲地方の姫が天皇家の祖先と結婚したという事実を、姫を海神の娘として神格化したものだという説がある。

『海幸彦山幸彦』の神話

『海幸彦山幸彦』の神話は以下のような内容だ。海幸彦は海の収穫物を、山幸彦は山の収穫物を獲って生活していたが、あるとき山幸彦が、おたがいの役割を交換することを提案する。いやがる兄を説得し、むりやり釣り道具を借りた山幸彦だったが、慣れない釣りで失敗し、釣り針をなくしてしまった。

怒った海幸彦に釣り針を見つけてこいと追い出され、山幸彦は海岸をさまよい歩く。すると、山幸彦は潮の流れの女神シホツチに出会い、海神ワダツミの宮への行き方を教えてもらう。ワダツミならば、釣り針のありかを知っていても不思議ではない。

ワダツミの宮でトヨタマビメに出会った海幸彦は、すっかり彼女に夢中になり、結婚することになる。やがて３年の蜜月を過ごしたあと、海幸彦はようやく本来の目的を思い出し、釣り針のことをうちあける。するとワダツミは海の魚たちを集め、釣り針のことを知っている者はいないかと質問した。魚の一匹が、自分ののどに何かが刺さって気分が悪いと訴えたので、そののどを見てみると、たしかに海幸彦の釣り針が刺さっていた。山幸彦はようやく、地上に帰ることが可能になったのだ。

陸の上に帰ることになった山幸彦だが、『浦島太郎』の物語などと違い、ふたりの別れに悲壮感はない。会いたいと思えばいつでも会うことができるのである。そして別れ際にトヨタマビメは、海幸彦の釣り針にまじないをかけ、呪力のある珠を渡して送り出した。山幸彦は兄に釣り針を返すが、トヨタマビメの呪術のせいで以前のように魚が釣れず、海幸彦の生活は貧しくなっていく。やがて事態が弟のせいだと確信し

illustrated by 誉

た海幸彦は戦争をしかけるが、山幸彦はトヨタマビメからもらった珠で海水面を上昇させて兄を溺れさせ、海幸彦の畑を水没させてダメにしてしまう。これを何度も繰り返すうち、ついに海幸彦は山幸彦に屈服したのだという。

トヨタマビメの出産神話

その後も仲むつまじく暮らしていた夫婦に、ついに待望の子供が授けられた。トヨタマビメは「天孫の子供を海で産むわけにはいかない、陸地で生む」と言い、海辺に鵜という鳥の羽で屋根を葺いた小屋を造り、そこで出産をすることになった。

トヨタマビメは出産をするとき和邇の姿に戻ってしまうので、それを見ないよう山幸彦に頼んでいたが、山幸彦は我慢できずに覗いてしまい、それを恥じたトヨタマビメはワダツミの宮に帰って、二度と山幸彦に会わなかったという。

トヨタマビメが産んだ子供は、鵜の羽と茅《かや》の茎《くき》で作った小屋で産んだことから、ウガヤフキアエズと名付けられた。彼の息子は、のちに初代天皇「神武天皇」となる人物である。つまりトヨタマビメは、初代天皇の祖母となった女神なのだ。

日本神話におけるワニとは？

現代の日本人がワニと聞けば、細長い胴体と巨大なあごを持つ水棲爬虫類を思い浮かべるだろう。しかし、『古事記』が書かれた時代の日本には、そもそもワニという動物はいなかった。そのため、『古事記』にあらわれるワニとは何なのかという当然の疑問が生まれてくる。

実は日本では、古くから鮫（サメ）のことがワニと呼ばれていて、現在でも山陰地方では鮫を「ワニ」と呼ぶという事実がある。ヤガミヒメの『因幡の白兎』神話を題材にした絵本などでも、その多くで、和邇はワニではなくサメの姿で描かれている。

とはいえ、だからといって『古事記』に書かれた和邇の正体はサメだと断言できないのが難しいところだ。実は和邇の正体が何なのかは、現在でも日本の歴史学において重要な研究課題になっているうえ、そもそも「和邇」は動物ではなく地方の豪族のことを言い換えているだけだという説まで存在するのだ。

「トヨタマビメ神話」の意味とは

この神話は、天皇の支配が日本全土に広がる様子を神話にしたものだと思われる。

天皇家が日本の支配権を確立する以前、日本の国土は、各地域ごとの豪族にばらばらに支配されていた。海幸彦と山幸彦の物語で、海底に住むとされたトヨタマビメの一族は、海に面した地域に住んでいた部族をあらわしていたとされていて、天皇家の先祖である山彦ことホオリとトヨタマビメの結婚は、奈良県の盆地を本拠地とする天皇家の支配権が、海の部族にも行き渡ったことをあらわしている可能性がある。

ワシにとっては耳の痛い話だが、やはり女性にとって安産は重要なことだそうでな、山幸彦の子供を安産で産んだトヨタマビメは、安産の女神として幅広く信仰されておる。

“神社”と“神宮”は何が違う？

現在、日本には８万以上の神社がある。コンビニエンスストアの全国店舗数が５万店なので、いかに多くの神社があるかわかるだろう。ひと口に「神社」といっても規模はさまざまで、名前も「○○神社」「○○神宮」など多彩である。この“神社”“神宮”などの部分は「社号」といい、その神社の性質によって違った社号がつけられることになっている。つまり、社号がわかれば神社の性質がわかるのだ。

◆「神宮」◆

天皇家と関わりの深い有力な神を祀る神社。神宮とは「神の宮殿」という意味だ。神宮と呼ばれる神社は複数あるが、本来は“もっとも尊い神社”、すなわち「伊勢神宮」のみを指すものだ。そのため伊勢神宮を、ほかの神宮と区別するため「大神宮」と呼ぶこともあった。

現在でも、前置きなく「神宮」と呼ぶ場合は、伊勢神宮のことを指す。

ちなみに、東京には「東京大神宮」って神社があるけど、これは明治時代に東京につくられた、伊勢神宮の出張所だよ。大神宮ってついてるけど、もちろん伊勢神宮の本殿のほうが格上だよ！

◆「大社」◆

長野県の諏訪大社や静岡県の富士山本宮浅間大社など、規模が大きかったり古くからの由緒ある神社が使う場合もあるが、本来は「出雲大社」専用の社号で、単に「大社」と言うときは出雲大社を指すことが多い。国津神を祀る神社、天皇家との関わりが薄い神を祀る有力な神社が大社を使うこともある。

富士山本宮浅間大社は、うちの子のお嫁さんになったコノハナノサクヤちゃんが祭神なのに、大社なんて名乗るなんて。まあサクヤちゃんは系譜的には国津神だから、間違っちゃいないけどさあ……。（いじいじ）

◆「宮」「神社」「社」◆

「宮」は、神社そのものの格は神宮ほどではないが、有力な神を祀っている神社につけられることが多い。「神社」「社」は、おもに大きな神社から分かれた規模の小さい神社に使われる。一般には「神社」のほうが「社」よりも格上とされる。

「宮」「神社」「社」については、今では定義がずいぶん曖昧になっておるな。普通の神社より規模が小さくても宮とつけておる神社も珍しくない。まぁ、「神宮」「大社」だけは特別と覚えておけばよかろうよ。

小さくなってくると区別があいまいになってくるんですねー。
そういえば、神社よりさらにちっちゃい場合はどうなるんですかー？
よく山の中とか道の脇に、ちっちゃい神棚とかありますけど。

あれは「祠（ほこら）」ねー。神を祀る場所って意味では神社の仲間かな。神棚のような祠のほかにも、石碑や石像が置いてることもあるよね？　あれは祠じゃなくて、道と旅の守護神「道祖神」を祀ったものだよ。

理想のダンナ様育成計画！

タマヨリビメ

記：玉依毘売命、紀：玉依姫尊

姉の子供と結婚した女神

タマヨリビメは、３代目の天孫であるウガヤフキアエズの乳母をつとめ、そのまま彼の妻となった女神である。乳母というのは文字どおり、母親のかわりに母乳を与える役目を与えられた女性のことだ。まだ乳児用の人工ミルクなど発明されていなかった時代、母乳の量は子供の健康な成長に直結するため、身分が高く豊かな家では、教養があり乳のよく出る乳母に子供の養育を任せることが多かった。タマヨリビメは、この「乳母」という存在の元祖と呼ぶべき女神である。

タマヨリビメは海神ワダツミの娘で、２代目の天孫であるホオリの妻となったトヨタマビメ（➡p118）の妹だ。前述したとおりトヨタマビメの正体は八《や》尋《ひろ》和《わ》邇《に》なのだが、正体を夫ホオリに見られてしまったトヨタマビメはそれを恥じ、出産した息子、ウガヤフキアエズを置いて海の宮殿に帰ってしまった。そこで妹のタマヨリビメがあらわれ、姉のかわりにウガヤフキアエズを手塩に掛けて養育したのである。

また、彼女は海に帰ってしまった姉と、その夫ホオリの仲を取り持つためにも力を尽くしている。トヨタマビメとホオリは二度と顔をあわせることがなかったが、その夫婦愛は色あせていなかった。トヨタマビメはふたりが詠んだそれぞれの恋の歌を相手に届け、その仲をとりもったのである。

そしてタマヨリビメの愛情をうけて無事に成人したウガヤフキアエズは、自分の妻として叔母にあたるタマヨリビメを選んだ。彼女は４人の男児を産み、その末の子が、のちに神武天皇として即位するカムヤマトイワレビコである。タマヨリビメは、自分が乳を与えた男児を夫とし、天皇の父に育て上げたのだ。

“タマヨリビメ”は固有の名前ではない？

タマヨリビメという名前は、「霊（たましい）の依代（よりしろ）になる比売《ひめ》」という意味があり、つまりはその身に神を降ろす“巫女”のことを指している。つまり「タマヨリビメ」とは個人名ではなく、あえていうなら職業名なのだ。

そのため日本神話には、ほかにも複数の「タマヨリビメ」が登場する。神武東征の神話でヤタガラスに変身した神の娘であるタケタマヨリビメ、オオモノヌシという神に夜這いをうけて結婚したイクタマヨリヒメ（➡p147）などが代表的な例である。

タマヨリビメちゃんは、のちの神武天皇ことイワレビコ君たち４人の息子を産んだけど、うちふたりが、海の国とか常世国っていう、海中や海底世界に移住してるんだ。タマヨリビメちゃんの血が海を求めるのかな～？

illustrated by しまちよ

井戸からピカっとごあいさつ♪

イヒカ

記：井氷鹿、紀：井光

輝く井戸から出現した神

日本の初代天皇である神武天皇は、生まれたときから天皇だったわけではない。神武天皇の本名はカムヤマトイワレビコといい、もともとは日向国（現在の宮崎県）に住んでいた。彼は一族を引き連れて瀬戸内海を渡り、数多くの出会いと別れ、戦いを乗り越えて大和国（現在の奈良県）にたどり着き、周辺の豪族を屈服させて天皇の地位に就いたのだ。このページで紹介するイヒカという神は、カムヤマトイワレビコが大和国に向かう大遠征の終盤で出会った不思議な神である。

一行がイヒカと出会ったのは、奈良県南部、杉の名産地として有名な吉野地方である。神武天皇が大和国を目指して進んでいると、光る井戸から「尾のある人物」が出現したのだ。この人物、自分が国津神でイヒカという名前だと告げ、神武天皇に服従している。『古事記』ではイヒカの記述はこの1か所だけで、その後、イヒカが「吉野首《よしのおびと》（吉野に住む一族）」の先祖になったと説明されているだけである。

イヒカの出てきた井戸が光っており、尻尾が生えていたという記述は、吉野首という一族についての何らかの事実を反映していると思われる。

まず、光る井戸という描写は、液体金属「水銀」の表現だという説がある。現在では毒物として知られる水銀だが、かつては不老不死の薬に欠かせない材料だった。そしてイヒカをあがめる吉野首は水銀鉱山の技術者一族だったという解釈だ。

イヒカに尾があるという記述は、吉野首の一族が、動物の皮を着ていたことの表現だという説がある。その昔、木こりや炭坑夫などは、動物の毛皮を着る習慣があった。吉野首が水銀鉱山の技術者なら、毛皮を着ているのも不思議ではない。

イヒカは男神か？ 女神か？

『古事記』『日本書紀』では、イヒカの性別は一切語られていない。そのイヒカを本書が女神として紹介するのは、この神を女性だとする文献があるからだ。氏族の出自や家柄についてまとめた、平安時代初期の『新撰姓氏録《しんせんしょうじろく》』には、天から降りてきた女性に、神武天皇が「井光姫」と名付ける記述があるのだ。しかもこの文献には、彼女は吉野首が信仰するイヒカヒメ（水光姫命）と同じ存在だと注釈されているため、『古事記』のイヒカとも同じ存在だと推定できるのだ。

井戸というと、ロープに結んだ桶を滑車で落として水を汲むものを想像したであろう。だが当時の井戸といえば、「川岸に作ったでっぱり」や、山に横穴を掘って地下水脈にたどりつく「横井戸」などが主流だったのだ。

illustrated by 雨神

わたしをアソコと呼ばないで！

ヒメタタライスケヨリヒメ

記：比売多多良伊須気余理比売、紀：媛蹈鞴五十鈴媛命　別名：富登多多良伊須岐比売

元祖「キラキラネーム」

かつて男の子の名前といえば太郎、次郎が当たり前だったように、名付けの習慣は年々変化しており、近年では独創性のありすぎる名前がしばしば話題になる。実は日本神話にはこれより深刻な例がある。神武天皇の皇后となったヒメタタライスケヨリヒメという女神は、オオモノヌシという国津神の娘なのだが、その本来の名前はホトタタライススギヒメという。この「ホト」とは女性器という意味であり、彼女はのちにこの名前を恥じて、ヒメタタライスケヨリヒメという名前に改名しているのだ。

いわば近年話題になっている“キラキラネーム”問題の先取りと言うべき現象が、何千年も前に起こっていたのである。

歌で伝えたおしゃれな女神

彼女について知るためには、まず102ページで紹介している「セヤダタラヒメ」について知ってもらう必要がある。そう、この女神がホトタタライススギヒメと名付けられたのは、彼女の父親であるオオモノヌシが、赤い矢に変身してセヤダタラヒメの女性器に突き刺さり、それによって生まれた娘だからなのだ。ホトタタライススギとは、神の矢が女性器に刺さったのであわてた、という意味である。

彼女はこの名を恥じてヒメタタライスケヨリヒメと改名するのだが、『日本書紀』では、ヒメタタライスズヒメという名前になっている。イスズとは小さな鈴のことで、手足に小さな鈴をつけて装ったという意味になる。自分の名前を気にするあたり、実におしゃれな女性だったといえるだろう。

もっとも、初代天皇の皇后ともなる人物となると、ただ美しくおしゃれなだけではつとまらない。神武天皇が崩御したのち、皇室に残されたのは皇后であるヒメタタライスケヨリヒメの3人の息子と、先妻であるアヒラヒメとのあいだに生まれたふたりの息子、タギシミミとキスミミだった。このタギシミミは、神武天皇の跡を継ぎ、皇后の子供3人を殺そうと考え、ヒメタタライスケヨリヒメを無理やり妻にした。危険を察知した彼女は、タギシミミの反乱の意志を和歌にのせて息子たちに伝えたので、息子たちはタギシミミを事前に討つことができたという。この3人の息子のリーダーとなった3男、カムヌナカワミミが、のちの2代天皇、綏靖《すいぜい》天皇である。

神武天皇も綏靖天皇もそうだが、日本の神話では、複数の男兄弟がいる場合、末っ子があとを継ぐことが多いのう。こういう習慣は、成人した男子が、すぐ家庭を出て自力で稼がなければいけない社会に多いようだ。

illustrated by フジヤマタカシ

「偽書《ぎしょ》」に書かれた日本神話

あ、アマテラス様一っ！　大スクープされちゃってますよ！
「太陽神アマテラスは男だった！　12 人の嫁をはべらせ酒池肉林」
これってどういうことなんですか !?

ちょっとまった、それってどこの情報なの !?　そもそもお姉さんは女だって……あーっ、カグヤちゃん、その本『秀真伝』じゃない！　それは有名な “偽書” なの。鵜呑みにしちゃだめだよ！

日本神話を語る書物といえば『古事記』『日本書紀』と、各地に残る『風土記』が基本だ。しかし、古代からこれらのほかにも、「日本神話について書かれた」とされる文献や資料が多数存在する。こうした資料の多くには、「記紀神話」などにはない独自の物語があったり、神の役割などが違っていたりする。

これらの多くは、現在では「偽書」だと考えられている。偽書とは簡単に言うならば「書いた時期や作者を “偽《いつわ》った” 資料」のことだ。「偽書」にも価値ある記述はあるかもしれないが、制作者や年代が間違っている場合、その記述が正しいかどうかを判断できないため、歴史書、神話書としての価値はなくなってしまう。

日本神話の有名な偽書には、以下のような文献がある。

竹内文書《たけうちもんじょ》

古墳時代、25 代武烈天皇の指示で書かれたとされる。しかし、明治時代以降に複数の研究者が文献批判をし、現在では偽書と判断されている。

本書では、太古の昔、天皇家の祖先が宇宙から地球にやってきて、そこから人類が世界各地に広がっていったという、SF 小説も真っ青なスケールの物語が展開している。近年の創作物などで「ヒヒイロカネ」という神秘的な金属が登場することがあるが、この金属は竹内文書ではじめて登場したものだ。

秀真伝《ほつまつたえ》

和歌のような「長歌」の形で書かれた文献。内容は『古事記』『日本書紀』と類似しているが、トヨウケビメ（➡ p62）の記述が多く、アマテラスが「アマテルという名で 12 人の妻がいる男神」だったり、ヒルコ（➡ p187）がヒルコヒメという女神であるなど、かなりの違いがある。

『秀真伝』の本文は「ヲシテ」という独自の文字で書かれている。『秀真伝』によれば、ヲシテとは神々の時代に使われていた文字だというが、それを裏付ける証拠はない。実際には江戸時代中期ごろに作られた人工文字だという説が有力だ。

つまり、だ。アマテラスが男という可能性もなくはないが、『秀真伝』が偽書である以上、歴史学的には検討の価値はないということだ。うわさ話のひとつくらいにとどめておきなさい。

もー！　お姉さん、ただでさえ「女神じゃなくて男の神なんじゃないか」って疑われてるんだから、こういうウソ記事はほんと勘弁してほしいよ！

風土記

これまで紹介してきた『古事記』と『日本書紀』は、天皇家を中心とする朝廷の有力者に代々伝わる神話でした。

しかし地方には、天皇家の神話とはまた異なる神話が語り継がれていました。

その一部を今に残している資料が『風土記』です。

この章では、各国の風土記に登場する地方独自の女神を紹介します。

illustrated by とんぷう

カメヒメ

5分でわかる日本神話⑥
『風土記』で知る、地方の神話

はい注目～！　これまでは『古事記』『日本書紀』っていう、朝廷の神話を紹介してきたの。でも日本には、日本各地に伝わる神話もたくさんあるわ。地方の神話がぎっしり詰まった文献、それが『風土記』なの♪

『風《ふ》土《ど》記《き》』ってどんな本？

ただ、『風土記』は神話を紹介するために書かれた文献じゃないの。
どっちかっていうと、お役所仕事の参考資料集って感じなのね～。

『風土記』とは、『古事記』が完成した翌年にあたる713年、元明天皇の命令によって編集がはじめられた、地方の行政情報集です。

当時の日本は数十個の「国」に分かれていました。そのため風土記は『○○国風土記』のように名付けられ、国の数と同じだけ『風土記』が存在していました。

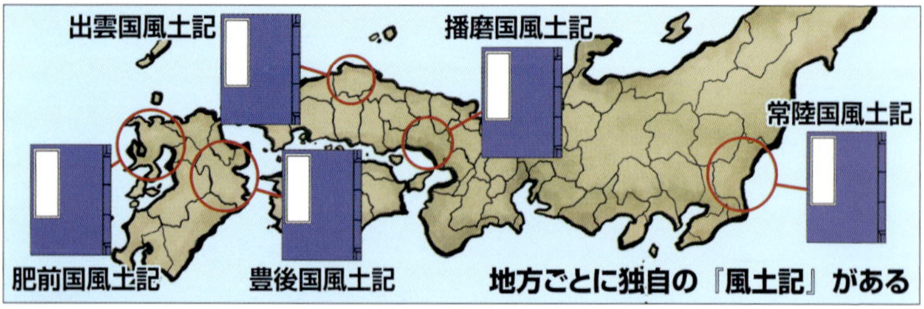

出雲国風土記
播磨国風土記
常陸国風土記
肥前国風土記
豊後国風土記
地方ごとに独自の『風土記』がある

あら？　お師匠様、数十個の「国」というのはどういうことなんでしょうか？
国と言ったら、私たちの国は日本以外にない気がするのですけれど……。

カグヤ、いつのまにか現代人のようなことを言うようになったな。
かつての日本で「国」という名前には、現代風に言えば「県」と同じ意味があった。
国家という意味ではなく、1地方の呼び方にすぎんのだ。

ちなみにわたしたちがいるのは、大和（やまと）国にあるこの国の首都、飛鳥の都だよ。
アマテラス様に教えてもらったんだけど、1000年以上あとになると、このあたりは「奈良県」っていう名前になるんだって！

『風土記』ってどんな本?

『風土記』に書かれている神話の量は、実はそれほど多くない。
なぜならもともと『風土記』という文献は、のちの世に神話を語り継ぐために書かれた文献ではないからだな。

『風土記』の内容は、中央の朝廷につとめている役人たちが、遠い地方の事情を理解できるように、必要な情報が詰め込まれたものです。

もっとも重要なのは、その国にいくつの郡があり、何人の人間が住んでいるかということです。さらに、地域の特産品、農地がどのくらい農業に向いているかなど、『風土記』に書かれた情報は、その地方を統治して税を集めるために必要なものだったのです。

『風土記』に掲載されている神話は、その国の地名を説明するためのものだったり、その地域で昔起きた特別な出来事を説明するために掲載されているものであり、神話そのものを紹介するために書かれた例は非常に少ないと思われます。

地域の名称
特産品
土地の豊かさ
地名の由来
旧聞異事
この２か所に
神話アリ！

どうして『風土記』を作ったの?

はーい、アマテラス様、質問ですっ！
どうして元明天皇陛下は、わざわざ命令までして『風土記』を作らせたんでしょー？
本を作るのって、すごくお金がかかって大変なのにー。

それはね？『風土記』が書かれた８世紀ごろの日本では、都にいたまま地方の様子を知ることがすごく難しかったからだよ～。現代だったら電話１本入れるだけだけど、当時は京都から関東地方に行くのに何十日もかかるんだもの。

しかも、朝廷で政治を行う者のなかには都から出たことがない役人も少なくない。そういった者が少しでも地方の事情を知るために、この国には何人くらいの民がいて、特産品は何で、どれくらいの税収があるのかをまとめた資料が必要だったのだ。

132ページで、現存する『風土記』を紹介！

現存する『風土記』は5つ

風土記って、日本の70個近い国全部で書かれたんだけど、なにせ1200年も前の本だから、オリジナルは全部朽ちちゃったの。書いてあった文章のほとんどが写本で残ってるのも、たったの5種類しかないのよね。

出雲国《いずものくに》風土記

完全保存

『古事記』『日本書紀』に、出雲地方の国津神を屈服させる神話がわざわざ掲載されていることからもわかるように、出雲地方は天皇家に従わず、独自の神話を長く語り継いでいた地域です。この『出雲国風土記』は全文が現存し、貴重な神話を多く残しています。

収録女神
アヤトヒメ（➡p134）、タマヒメ（➡p142）

肥前国《ひぜんのくに》風土記

欠損あり

肥前国とは、現在の佐賀県と長崎県にあたる地域です。過去の天皇による九州征伐についてくわしく書かれており、当時天皇に抵抗した民族、女性賊長についての神話が多く収録されています。

豊後国《ぶんごのくに》風土記

欠損あり

豊後国とは現在の大分県の古名です。肥前国風土記と同様に、天皇の九州征伐について多く記録されています。5つの現存する風土記のなかでもっとも欠損が多いとされています。

播磨国《はりまのくに》風土記

欠損あり

播磨国とは、ほぼ現在の兵庫県南部にあたる地域です。当時の日本の首都である奈良に近く、朝廷の影響を強く受ける地域でしたが、この風土記には神話の内容を都合よく改変した部分が少なく、播磨国の土着の文化が本来の姿に近い形で残されています。

収録女神　サヨツヒメ（➡p136）

常陸国《ひたちのくに》風土記

欠損あり

原型に近い形で現代に伝わっている風土記のなかで唯一の、東日本の風土記です。現在の茨城県にあたる地域の歴史と神話がおさめられています。その内容は、役人が地域の長老から聞き取ってまとめたもので、朝廷の神話と比べると独自色が強くなっています。

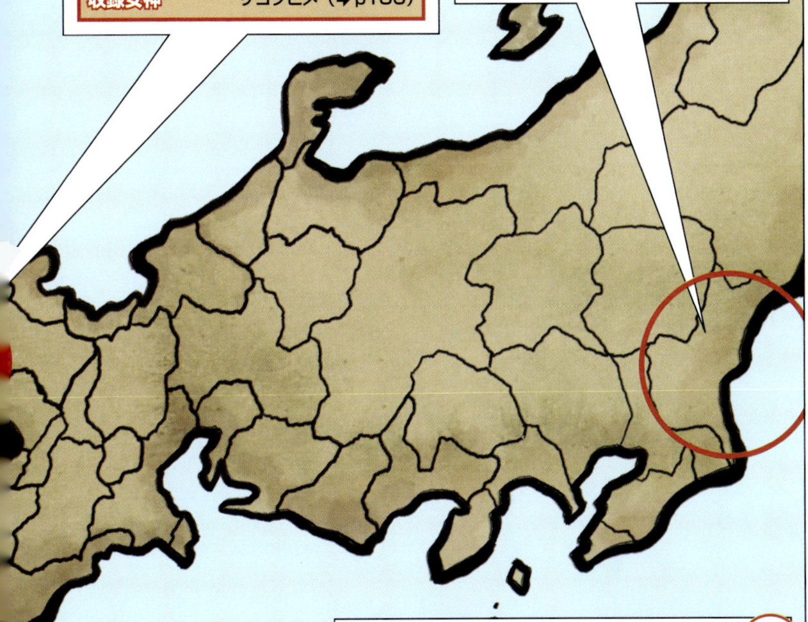

風土記逸文《いつぶん》

散逸

ここまで紹介した５カ国以外の風土記は、まとまった形でその内容が残っていません。ですが内容の一部がさまざまな文献に引用されて「○○国風土記によると～」という形で紹介されています。これらの、失われてしまった風土記の断片を「風土記逸文」と詠んでいます。

収録女神
イカトミノツマ（➡p138）、カメヒメ（➡p140）

嫁さんみ〜っつけた！

アヤトヒメ

出典：『出雲国風土記』　漢字表記：綾門日女命

大国主の妻となった女神

アヤトヒメは『古事記』や『日本書紀』にその姿を見ることはできず、出雲国（現在の島根県東部）の歴史などをまとめた『出雲国風土記』にのみに登場する女神だ。彼女は日本神話において葦原中国の最初の支配者となった国津神「オオクニヌシ」に求婚されたことで知られる女神である。

アヤトヒメはカムムスビという神の娘だが、このカムムスビとは、『古事記』に登場するカミムスヒ（➡p22）と同じ神である。カミムスヒはオオクニヌシの国作りの相棒である小人の神スクナビコナ（➡p190）の親でもあるので、もともとオオクニヌシとは縁の深い女神だといえるだろう。

彼女の神話が登場するのは、出雲郡宇賀《うか》郷（現在の出雲市国富町近辺）とはどんな場所なのかを説明する項目だ。国作りを終えたオオクニヌシは、この宇賀郷に住むアヤトヒメに求婚したのだが、アヤトヒメはその場では承諾せずに逃げて隠れてしまった。オオクニヌシは、彼女を探して「アヤトヒメはどこか」と訪ねて伺《うかが》いまわったという。そのためこの地は、オオクニヌシが伺いまわった地という意味で、宇賀《うか》と呼ばれているのだとされる。

隠れた妻を探し出す風習

アヤトヒメのように、求婚された女性が姿を隠し、それを求婚した男性が見つけ出すことで結婚するという物語は、『出雲国風土記』以外の資料にも見られるごく一般的なものであり、アヤトヒメを祀る宇賀神社の由来を示す案内板には、これは当時の習慣であったと書かれている。このように男性が女性のもとに通う結婚形式のことを「妻問い」と呼んでいた。

また、天皇自身が「妻問い」を行った例も資料に残っている。『播磨国風土記』では、12代景行天皇が、イナミノワキツラメという女性に求婚する物語が描かれている。この女性はなんと海を越えて島に隠れてしまうが、彼女の飼い犬がその島に向かって吠えていたため居場所がわかり、景行天皇は「隠愛妻《なびはしづま》」（隠れていた愛しい妻よ、の意味）と呼びかけて、イナミノワキツラメに受け入れられた。そのためこの島は南毘《なび》都麻《つま》と呼ばれるようになったのだという。

弁護しますとアヤトヒメ様が逃げたのは、オオクニヌシ様に魅力がないからじゃないのですよ？　あくまで当時の風習です。オオクニヌシ様は、むしろ女神様に好かれるイケメンですので！

illustrated by アルデルド

栄養たっぷり！ 鹿の血田植え法

サヨツヒメ

出典：『播磨国風土記』　漢字表記：賛容都比売命（さよつひめのみこと）　別名：玉津日女（たまつひめ）

嫁と旦那の田植え競争

兵庫県西端にある佐用町《さようちょう》は、「佐用の朝霧」という濃い霧が発生することで知られる盆地の町である。この地方はかつて「賛容《さよ》郡」という漢字で書かれていたが、『播磨国風土記』によれば、この地名の由来は、かつてこの地に住んでいたサヨツヒメという女神の呪術的な行いによるものだという。

神話によれば、タマツヒメ（のちのサヨツヒメ）には、ともにこの地を支配する夫の神がいた。夫婦はおたがいに、どれだけ広い土地を我がものにできるかを競争していた。あるときタマツヒメは生きた鹿を捕まえ、その腹を裂いて稲を血に浸した。すると稲は一夜にして立派な苗になったので、さっそく苗を植えたのである。ところがこれを見たタマツヒメの夫は、「お前は５月の夜に稲を植えたのか」と彼女を糾弾し、どこかほかの場所に去ってしまったという。

この神話から、タマツヒメが稲を植えた場所は「五月《さつき》の夜」に稲を植えた場所という意味で、“サヨ”郡と呼ばれるようになった。また、サヨに稲を植えた女神ということで、タマツヒメは以降「サヨツヒメ」と呼ばれるようになったのである。

小学館《新編日本古典文学全集》で「風土記」の校注を担当した松垣節也によれば、サヨツヒメが行ったのは生き血の持つ霊力を利用した呪術だろうと推測している。かつて日本人は、鹿を水辺の動物だと考えており、水に関する儀式では鹿を生け贄にしたのだろうというのが松垣の説だ。サヨツヒメが行った稲を発芽させたり苗を植える行為に、水と深い関係があることは言うまでもないだろう。

夫神はなぜ去ったのか?

サヨツヒメの夫が「五月の夜」という言葉で妻を批判したのはなぜだろうか？　それは、サヨツヒメの行為が掟に反するものだと考えたからだ。

古代日本の社会では、夜中に仕事をすることはタブーであった。しかしサヨツヒメは一夜にして稲を苗に変えてしまったので、夫は「夜中に働いて、こっそり苗を植えた」のだと勘違いしてしまったのだ。夫の視点から見れば、サヨツヒメはルール破りまでして領土争いに勝とうとしたということになり、これは掟という意味でも勝負という意味でも認められることではなかったのである。

あれ、サヨツヒメ様って農業の女神様じゃないの？　同じ『出雲国風土記』に、民に鉄を取らせたとか、朝廷に金属を献上させたとか書かれてますよー。あ、この神様を信仰してたのが、製鉄もできる民族だったのかな？

illustrated by れんた

服を奪われたら、即ケッコン!?

イカトミノツマ

出典：『近江国風土記』逸文　漢字表記：伊香刀美妻

日本最古の羽衣伝説

日本人なら誰でも知っているだろう『羽衣伝説』とは、天から羽衣をまとった女性が降りてきて、水浴びなどをするために羽衣を脱いでおく。それを見ていた人間が羽衣を隠してしまい、「羽衣を返して欲しければ」という名目で天女に結婚を強要したり、さまざまな要求をする、という物語だ。

このページで紹介する人物と神話は、日本の文献上最古の「羽衣伝説」である。天女の女性には名前がつけられていないため、本項では夫の名前にちなんで「イカトミノツマ（イカトミの妻）」として紹介する。

物語の舞台は、日本最大の湖「琵琶湖」を有する滋賀県長浜市にある余呉《よご》湖である。『近江国風土記』逸文によると、イカトミ（伊香刀美）という男性は、天から８人の天女が白鳥の姿で舞い降りて、余呉湖で水浴びをしているところを目撃する。その姿に心を奪われた彼は、飼い犬を使って、木に掛けてあった羽衣を奪ってしまう。

イカトミの行為に気づいた天女たちは逃げ出すが、犬に自分の羽衣を奪われてしまったひとりの天女はその場に取り残されてしまった。帰る手段を失った彼女はイカトミと結婚し、長男オミシル（恵美志留）、次男ナシトミ（那志等美）、長女イセリヒメ（伊是理比辿）、次女ナセリヒメ（奈是理比辿）をもうけた。だが、隠されていた自分の羽衣を見つけたイカトミノツマは、家族を残して天へと帰り、残されたイカトミは嘆き悲しんだと言われている。

この物語で天女たちが水浴びをしていた場所は、神のごとき女性が降りたことから「神の浦」と呼ばれるようになったという。

天女とはなにか？

天女とは、厳密に言うと日本神話固有の存在ではなく、中国の最高神「天帝」に使える女性役人だ。だが民間では「天に住む美女」程度の解釈で、天帝という存在が意識されることはまずない。両肩から頭のうしろを通すようにふんわりと身につける羽衣は、「天衣」または「纏衣」といい、天女に飛行の能力を与えることが多い。この羽衣をまとった天女の外見は、インドなどの南アジアから中国、日本までのアジア各地で共通理解となっており、各地で同じような筋の物語が語られている。

余呉湖って羽衣伝説のメッカなんです！　ある伝説だと、今では学問の神様として有名になってる菅原道真さんは、桐畑太夫という猟師さんが天女に産ませた子供なんだそうですよ～。

illustrated by 木五倍子

釣った亀が美女になった！

カメヒメ

出典：『丹後国風土記』逸文　漢字表記：亀比売

『浦島太郎』の元祖ヒロイン

日本人ならば誰もが知っているおとぎ話『浦島太郎』。海辺でいじめられている亀を助けた太郎が、竜宮城に招かれるが、おみやげの箱を開けると煙が吹き出し、浦島太郎は年寄りになってしまうというあらすじは誰もが知っているだろう。

『浦島太郎』に似た物語は『日本書紀』をはじめとする日本の古い文献に多数残っているのだが、実はその物語展開にはいくつものバリエーションがある。例えば、現在の京都北部にあたる丹後国《たんごのくに》で書かれた『丹後国風土記』の逸文として残る物語では、乙姫が竜宮城で待っているのではなく、亀そのものが「カメヒメ」という美女に変身するのである。

『丹後国風土記』の浦島太郎は、いじめられる亀を助けるのではなく、太郎が亀を釣り上げるところから始まる。このときのカメヒメは、体が 5 色に塗り分けられた不思議な姿だったが、絶世の美女に姿が変わり、浦島太郎に求婚する。これが受け入れられると、カメヒメは浦島太郎に目をつぶらせ“一瞬で、自分の住む城がある島へ移動”。太郎はここで 3 年間楽しく過ごし、おみやげの箱をもらって故郷に帰る。カメヒメは「ここ（竜宮）に戻ってくるつもりなら開けてはいけない」と伝えていたが、島に行ってから 300 年たっていることに動揺した太郎は箱を開けてしまう。すると箱の中からは昔話のような煙……ではなく“芳蘭《かぐわ》しき躰《からだ》”が出てきて、風雲と一緒に天に昇ってしまったという。なお、この話では浦島太郎が老化したという記述はない。

史学博士の三舟隆之は《浦島太郎の日本史》で、この“芳蘭しき躰”の正体はカメヒメだったのではないかと推測している。事実、箱を開けた浦島はもうカメヒメに会えないと悟り、遠く離れたカメヒメと歌を詠みかわしている。

『日本書紀』にもあった『浦島太郎』

浦島太郎の物語は『日本書紀』にも掲載されている。内容は『丹後国風土記』とほぼ同じだが、姫の名前が不明だったり、行き先が海中の山「蓬莱山《ほうらいさん》」だという違いがある。現在広まっている物語は、室町時代の読み物『御伽草子《おとぎそうし》』などに掲載されたものが原型になっており、神話に存在した、浦島と姫が性交したという生々しい記述などが削除されたものになっている。

はーい、みんな～？　浦島太郎っていう名前がいつごろから使われてるか知ってる？　答えは鎌倉時代以降！　初期の伝説では、「水江浦嶼子」とか「浦島子」って呼ばれてて、太郎って部分はどこにもなかったの。

illustrated by 鳥居すみ

告白拒否は大岩で

タマヒメ

出典：出雲国風土記　漢字表記：玉日女命（たまひめのみこと）

女神に恋したワニの悲恋

島根県北東部の奥出雲町には、「鬼舌震《おにのしたぶる》」という有名な観光名所がある。これは人間よりも大きい巨大な岩石がゴロゴロと並ぶなかを川が蛇行して進む、自然の偉大さを感じられる名所である。この迫力ある光景を見た昔の日本人も、この場所には特別な由来があるのだと考えた。『出雲国風土記』には、この鬼舌震を舞台にした、タマヒメという女神の物語『恋山《したいやま》説《せつ》話《わ》』が収録されている。

タマヒメという名前は「生命力に満ちた女神」という意味がある。物語によれば、タマヒメは大変な美人だったので、海に住む鮫（原文では“和邇”と書かれているが、これは爬虫類のワニではなく鮫を指す）が彼女に恋をして、川をさかのぼって会いにやってきた。しかしタマヒメは鮫の求婚を拒否し、鮫がのぼってこれないように、川に大岩を投げ込んでふさいでしまったのだ。

大岩に阻まれて女神に会えなくなってしまった鮫は、舌を振るわせて女神への思いを伝えようとしたという。この物語から、この地は「恋山」と呼ばれるようになった。また、現在の呼び名である「鬼舌震」は、鮫（ワニ）が舌を振わせた「ワニの舌震い」が変化してついたものだという。

1927年に国の天然記念物に指定された鬼舌震の風景。歌人、与謝野晶子もこの地を詩に詠んだという景勝地である。

『風土記』に見られるよく似た神話

タマヒメの物語は、簡単に言うなら「女神に会おうと川をさかのぼった鮫を女神が拒否した」というものだが、実は似たような物語が『風土記』に複数ある。

例えば現在の兵庫県に当たる地域の神話をまとめた『播磨国風土記』では、ある神が川の女神に求婚するが、断られたため怒って川の源を岩でふさいでしまったという。九州の佐賀県、長崎県の物語を集めた『肥前国風土記』では、佐嘉川（佐賀県を流れる嘉瀬川）にヨタヒメ（世田姫）という石の女神がおり、毎年、海の神であるサメが配下の小魚を引き連れて川を上がってくるという物語がある。

『風土記』に女神が川をふさぐ神話が多いのは、製鉄が得意だった山の民と、漁業と農業で暮らす海の民の境界争いを、神話の形にして語り継いだものではないかと推測されておる。

illustrated by 皐月メイ

本土以外の日本の神話

我が母イザナミが産んだ日本列島に、北海道が含まれていないことはすでに説明したな。実は沖縄本島も含まれておらん。現在の日本国を形成する47都道府県のうち、北海道と沖縄には、つい数百年前まで、日本神話とはまったく違う神話が語り継がれておったのだ。

北海道……アイヌの神話

江戸時代末期まで、北海道の広大な大地には、「アイヌ」と呼ばれる民族のものだった。アイヌの人々は、ひとつの集団や国としてまとまることはほとんどなく、村や部族ごとに違った習慣を持ち、独自の生活を営む民族である。

アイヌの神話は部族ごとに大きく違い、世界の成り立ちを説明する創世神話も複数ある。ただしアイヌ諸部族の神話には共通点があり、どの部族の神話にも「カムイ」という、神と精霊の中間のような存在が登場する。カムイたちは独自の世界を持つ一方で、地上で人間とともに暮らす者もいるという。

沖縄……琉球《りゅうきゅう》の神話

沖縄島はかつて「琉球」という名前であり、琉球王国という、日本とは違う文化を持つ統一国家が栄えていた。琉球は太平洋の貿易拠点として繁栄し、中国や日本、東南アジアのの影響を受けつつ、独自の文化を発展させていた。

琉球王国には「琉球神道」と呼ばれるひとつの宗教があり、これが実質的な「国家の宗教」として琉球の国民に広く受け入れられていた。部族ごとに物語の異なるアイヌと違い、琉球の神話はおおむね全国民共通の物語だったと思って問題ない。

琉球神道の神話は、神々だけでなく、海の彼方にある理想郷「ニライカナイ」を信仰の対象にするのが特徴だ。年の始めになると、ニライカナイから琉球へ神々がやってきて、琉球の大地に豊かな実りをもたらし、年の終わりにニライカナイに帰っていく。またニライカナイは死者の世界でもあり、死者の魂はここに去ったあと、7世代後に自分の親族の守護神になるために琉球に戻ってくるそうだ。

おお！ 日本とはぜんぜん違う神話が、そんなとこにあるんだ！
そっちの神話も楽しそうだなぁ、国史の編纂が終わったら、外国の神話のことも研究してみたいよ！

アイヌ神話や琉球神話は、文献が残っておるから、そう難しくはなかろう。『古事記』当時に朝廷の勢力下になった東北北部などにも独自の神話があったのであろうが……今ではもう失われておるのが残念だ。

いつか、そんな「失われた神話」と出会える日がくるかもしれませんわ。
そのときはぜひ、カグヤにもお話を聞かせてください！

日本神話の女神小事典

日本神話って
こんなにたくさん女神様がいる
神話だったんだね、
ぜんぜん知らなかったよ。
……えっ、まだまだ女神様がいるの？
ちょっと、それ聞いてないよ！
ほかの女神様にも会わせてーっ！

小事典の使い方

はいはーい！　51柱だけじゃ満足できないっていう、みんなからの熱い期待にこたえて、ここまでで紹介できなかった日本神話の女神をどばっと31柱紹介！　おもしろい女神がいっぱいいるよ！

さすがに「八百万の神」と言われるだけのことはありますわね！　なにせ私のような若輩者でも女神に数えていただけるくらいですから、どれだけの女神が日本神話にいるのか、とても数えきれません♪

まってましたー！
アマテラス様、さっそく教えてくださいー♪

データ欄の読み方

日本神話の女神小事典のデータ欄には、以下のような意味があります。

名前:『古事記』での女神の名前と、代表的な漢字表記です。

アカルヒメ（阿加流比売）

出典:『古事記』　別名:赤留比売

出典:
女神が登場する神話の原典です。

別名:
『古事記』での名前以外に別名や別表記がある場合、代表的な別名、別表記を書きます。

「日本神話の女神小事典」に収録されている女神について

日本の神話では、人間と神のあいだに明確な区別がない。そのため『古事記』『日本書紀』の人物、特に神の血を引く女性は、みな女神という扱いになってしまう。カラーページではこういった「神性の薄い女神」、俗に言う「姫神」は紹介しなかったが、この小事典では「神武天皇」即位後に初登場する姫神もまとめて紹介しておる。

日本神話の女神・姫神小事典

やっほー！　カラーページで見きれなかった女神様が山盛りだっ！
ここまでは女神様を時代順に並べて紹介していたけど、この小事典では 50 音順で紹介してあるよ！

アカルヒメ（阿加流比売）

出典：『古事記』　別名：赤留比売

『古事記』によれば、新羅《しらぎ》（古代朝鮮半島にあった国）から、現在の大阪にあたる難波へやってきたという太陽の女神。名前の“アカル”とは「明るくなる・赤らむ」という意味で、アカルヒメとは「赤く色づく女神」という意味であるという。

この女神の出生は非常に特殊なものだ。ある沼の近くで身分の低い女性が寝ていると、女性の陰部に日光が虹のように射してきた。すると女性は妊娠し、赤い玉を産んだのだ。その後、赤い玉は新羅の王子アメノヒボコ（天之日矛）の手に渡り、彼が玉を床に置くとたちまち美しい乙女アカルヒメへと変わった。アメノヒボコはアカルヒメと結婚するが、ある日、彼はアカルヒメを罵倒してしまう。すると彼女は怒って船に乗って日本に渡り、現在の大阪、難波に留まったのだという。

『日本書紀』や『摂津国風土記』にも、新羅から女性が逃げてくるという、非常によく似た物語があるが、これらの物語では女性の名前が書かれていない。

ちなみに、『古事記』にはアカルヒメは“比《ひ》売碁曽《めこそ》の社に坐す”とされているが、現在この比売碁曽を指していると考えられている比売許曽神社の祭神は、シタテルヒメ（➡p106）だとされ、アカルヒメを祭神としている「赤留比売神社」は別の場所にある。

アマノサデヨリヒメ（天之狭手依比売）

出典：『古事記』　別名：津島（対馬）

長崎県の一部“対馬《つしま》”の女神。イザナギとイザナミが日本列島を産んだとき、6 番目に生まれたのがアマノサデヨリヒメ（対馬）である。

名前にある“サデ”とは「小網・叉手」のことで、手前側はせまく浅いが奥に行くほど大きくなる、魚を捕る網のことだ。つまりアマノサデヨリヒメという名前は「天の小網（叉手）に力が集まった女性」を意味する。

アマノサデヨリヒメ

イクタマヨリヒメ（活玉依毘売）

出典：『古事記』『日本書紀』　別名：活玉依媛

三輪山の神「オオモノヌシ」と結婚した非

常に美しい女神。彼女のひ孫に当たるのが、雷神タケミカヅチ（➡p176）である。

『古事記』によると、男が毎晩イクタマヨリヒメの家を訪れ、ついに彼女は妊娠する。男の素性を知るべく、イクタマヨリヒメの父親は男の服のすそに糸をつけ、あとを追うと、そこは三輪山であったため、男の正体がオオモノヌシだとわかった。ちなみに、三輪山などの"三輪"の地名は、男が三輪山にたどり着いたとき、糸がまだ3巻分残っていたことからついた地名だといわれている。

イヅシオトメ（伊豆志袁登売）

出典：『古事記』

アカルヒメ（➡p147）が新羅から日本へ逃げてきたとき、夫のアメノヒボコは「玉津《たまつ》宝《たから》」という8つの神宝を持ち、彼女を追って日本へやってきた。『古事記』によればこの玉津宝はイズシノヤマエノオオカミ（伊豆志之八前大神）という神でもあり、その娘がイヅシオトメだとされている。

彼女は非常に美しい女神で、さまざまな神が彼女を妻にしたいと考えていたが、誰も結婚できないでいた。あるとき、アキヤマノシタノオトコ（秋山之下氷壮夫）という神が、弟のハルヤマノカスミオトコ（春山之霞壮夫）に「お前がイヅシオトメを妻にできたら、着物や酒、山川の産物すべてをやる」と賭けを持ちかけてきた。それを引き受けたハルヤマノカスミオトコは、母親の助けもあってみごとイヅシオトメと結婚するが、兄のアキヤマノシタノオトコは約束を破ってしまう。怒ったハルヤマノカスミオトコはふたたび母親の助けを借りて兄を呪うと、アキヤマノシタノオトコが助けを求めてきたので許してやったという。

イワノヒメ（石之比売）

出典：『古事記』『日本書紀』　別名：葛城磐之媛

第16代天皇「仁徳天皇《にんとくてんのう》」の妻。天皇家と肩を並べるほどの勢力を持っていた大豪族「葛城《かつらぎ》氏」の生まれである。

気性が激しく嫉妬深かったといわれ、仁徳天皇がほかの女性を宮中へ入れようとすると、強くねたんだという。祭りの準備で柏《かしわ》の葉を採りにでかけたときに、夫の浮気を聞くと、怒りにまかせて船に積んでいた柏をすべて海へぶちまけてしまったという逸話もある。

一方、不平を許さない厳格な性格でもあったようで、死人から腕輪を奪って妻に与えた男の行為に怒り、その男を死刑にしたという話も残されている。

ウサツヒメ（宇沙都比売）

出典：『古事記』『日本書紀』　別名：菟狭津媛

神武天皇の東征（➡p178）のときに、豊《ぶ》前《ぜん》国（現在の福岡県東部）で出会った女神の1柱。父のウサツヒコ（宇沙都比古）とともに、一足で上がれるような簡単な宮殿を造って宴をし、神武天皇一行をもてなした。また、神武天皇は部下のアマノタネノミコト（天種子命）とウサツヒメを引きあわせて結婚させた。

エヒメ（兄比売）とオトヒメ（弟比売）

出典：『古事記』『日本書紀』

美濃国《みののくに》（現在の岐阜県南部）に住んでいたという美しい女神の姉妹。美濃を支配した「美濃国造」の祖先となったカムオオネノミコ（神大根王）の娘たちである。

12代目の景行天皇は、姉妹の噂を聞き、自分のもとに連れてくるようオオウス（大碓命、ヤマトタケルの兄）に命令するが、なんとオオウスは姉妹を自分の妻とし、天皇には別の女性たちを連れて行き、エヒメとオトヒメだと偽った。だが、天皇も彼女たちがニセモノであると見抜き、妻には迎えずにどうするか悩んだという。

なお、ヤマトタケルの娘や、景行天皇の娘など、「記紀神話」には複数の「弟比売」という同じ名前の女性が登場している。

オオトマトイメ（大戸惑女）

出典：『古事記』

山の神であるオオヤマツミ（大山津見）と、野の女神カヤヌヒメ（➡p40）のあいだに生まれた女神。この2神からは全部で8柱の神が生まれているが、オオトマトイメはオオトマトイコ（大戸惑子）と一緒に最後に生まれた。名前は「道に迷う神」または「窪地を担当する女神」意味で、一説では山や谷の斜面を守護する女神だとされる。

オホノデヒメ（大野手比売）

出典：『古事記』　別名：オホヌテヒメ、オオヌデヒメ

香川県にある小豆島《しょうどしま》の女神。イザナギとイザナミは、国産みのとき８つの島を産んだあと、さらに６つの島を産み出した。このとき２番目に産み出したのが小豆島で、その別名がオホノデヒメなのである。その名前は「大きな野の女性」という意味だとされる。

現在も島には、大野手比売を島の祖神として祀る「阿豆枳《あづき》神社」がある。

オトタチバナヒメ（弟橘比売）

出典：『古事記』『日本書紀』　別名：弟橘媛

７人いたとされるヤマトタケルの妻のひとり。穂積氏《ほづみうじ》という氏族の生まれ。

ヤマトタケルの東征（➡ p181）のときに、ヤマトタケルは敵にだまされて火攻めにされる難を逃れたあと、船で目的地へ向かった。このとき海は海神によって大荒れで、船は今にも難破しそうだったが、オトタチバナヒメは夫に代わって海へ身を沈めて人柱となることで、暴風雨を止めたという。

その後、ヤマトタケルが東征を成し遂げて帰る途中、山の上から平定した国を眺め「吾《あ》妻《づま》はや」（わが妻よ）と嘆いた。この言葉から、天皇の住む都から東方のことを「東《あづま》」と呼ぶようになったという。

カナヤゴノカミ（金屋子神）

出典：民間信仰

製鉄の女神。『古事記』『日本書紀』には登場しないが、日本各地で信仰される。彼女を祀る神社は各地にあるが、島根県安来市にある金屋子神社が本社だといわれている。

また、製鉄の女神らしく、正式な神社以外にも、鍛治場などの金属を扱う職場ではカナヤゴノカミが祀られていた。

『金屋子神祭文』という資料によれば、カナヤゴノカミは天より降りて人間に製鉄の技術を教えた。女性を嫌い、月経や出産のときに流れる血を不吉なものとしていたという。

また、カナヤゴノカミは犬に追いかけられ麻糸（カラムシという草で編んだ糸だとする話もある）につまづいて死んでしまったが、それでも加護があるだろうと死体を柱に立てておいたところ、それまでどおりたくさんの鉄がとれたという神話がある。そのため、製鉄を行う“タタラ場”には、犬は入れず麻糸は使わない反面、死人を穢れた存在だと思わない風習が残っているのだという。

カミナガヒメ（髪長比売）

出典：『古事記』『日本書紀』　別名：髪長媛、日向髪長媛

16代天皇、仁徳《にんとく》天皇の妻のひとり。はじめは仁徳天皇の父である応神《おうじん》天皇が、カミナガヒメの美しさを伝え聞き、妻にしたいと使いを出していた。しかし、のちに仁徳天皇となる息子がカミナガヒメに惚れてしまい、大臣を通じて応神天皇に譲ってもらえないかと相談、応神天皇がその申し出を受けたため、ふたりは結婚したという。

カルノオオイツラメ（軽大郎女）

出典：『古事記』『日本書紀』　別名：軽大娘皇女、衣通郎女

19代天皇、允恭《いんぎょう》天皇の娘。その美しさから「衣通郎女《そとおりのいつらめ》」（衣通は、美しさが衣を通してあらわれる、の意味）と呼ばれた。允恭天皇が亡くなったあと、後継はキナシノカルノミコ（木梨之軽王）の予定だったが、彼は異母妹であるカルノオオイツラメと男女の関係であったため、それが原因で後継者から外されてしまう。キナシノカルノミコは武器をもって立てこもるが、結局、伊予（四国）へ島流しとなってしまった。これを悲しんだカルノオオイツラメは、一緒に伊予へ行き、そこで心中《しんじゅう》したという。なお『日本書紀』では、キナシノカルノミコに代わって彼女が島流しとなっている。

コノハナチルヒメ（木花知流比売）

出典：『古事記』

山の神であるオオヤマツミの娘。その名前のとおり、「花がはかなく散る」ことを意味しているという。同じくオオヤマツミの娘である

コノハナノサクヤ（➡p114）と名前が似ていることから、同じ女神の別称ではないかとも考えられている。また「チル」という名前や「桜の花が咲く」ことが実りに通じる考え方があることから、おもに農業に関する不作や疫病、害虫などの負の側面を操作する女神だったのではないか、とする説もある。

サホヒメ（狭穂毘売）

出典：『古事記』『日本書紀』　別名：佐波遅比売命、狭穂姫命

９代天皇、開化天皇の娘であり、のちに11代垂仁天皇の最初の妻となる姫。ある悲劇的な物語の主役としてして知られている。

あるとき、サホヒメは自分の兄から、夫である垂仁天皇の暗殺計画を持ち込まれる。短刀を渡されたサホヒメだったが、夫を殺すことはできず、事情をすべて垂仁天皇に話して兄の元へ行ってしまった。

反乱をくわだてた兄の城は、朝廷の軍の攻撃を受けるが、サホヒメを愛していた天皇はなんとか彼女を取り戻そうとする。しかしサホヒメは生まれた息子を天皇に渡し、燃え上がる城で兄と一緒に死んだという。

タツタヒメ（竜田比女）

出典：『延喜式』　別名：龍田姫、立田姫

平安時代に書かれた、法を補足、修正するため法令をまとめた『延喜式』に登場する女神。奈良県北部、生駒郡にある龍田神社に祀られている。四季の“秋”を擬人化した風の女神で、奈良県北西部にある「竜田山」を擬人化した存在だともいう。古くは、和歌で秋を意味する季語としても用いられた。

なお、タツタヒメと対になる女神として、春の女神であり、やはり奈良県の北部にある「佐保山」を擬人化した女神のサホヒメ（佐保姫）も存在する。この女神もタツタヒメと同じく和歌の季語に用いられた。

テナヅチ（手名椎）

出典：『古事記』『日本書紀』　別名：手摩乳

クシナダヒメ（➡p78）の母親。夫であるアシナヅチ（足名椎）とともに、ヤマタノオロチを退治してくれるようスサノオに助けを求めた神である。

夫のアシナヅチともども、少々変わった名前だが、これについてはいくつか説がある。まずは稲に絡んだもの。テナヅチは「速稲《といな》」（速く実る稲）から来ていて、夫のアシナヅチは「晩稲《おくて》」（遅く成熟する稲）からきているという説。もうひとつはクシナダヒメを「手や足でかわいがる」ことからついたとされるもの。さらには「手無し、足無し」ということから蛇神のことである、という説もある。

また一部には、テナヅチとアシナヅチは、東北や中部地方の一部に伝わる、手または足が異様に長い妖怪「手長·足長」のモデルになった、という説も存在する。

ニウツヒメ（丹生都姫）

出典：『播磨国風土記』『釈日本紀』　別名：丹生都比売、爾保都比賣

神功皇后の新羅征討（➡p182）の手助けをした女神。ニウツヒメは他の人間の口を借りて、私をよく祀るなら助力すると言い、よい赤土を授けたという。神功皇后はこの赤土を軍の衣服や武具、船に塗って戦い、新羅征討を成し遂げた。これに感謝した応神天皇は、広大な土地と建物をニウツヒメのために捧げている。

ニウツヒメを祀る丹生都比売《ニウツヒメ》神社やほか一部の説では、ニウツヒメの正体は、アマテラスの妹神ワカヒルメ（➡p68）だという。天から降りてきたワカヒルメは各地で農耕を広めたあと、丹生都比売神社のある和歌山県伊都郡に鎮座したのだという。

ヌナカワヒメ（沼河比売）

出典：『古事記』『出雲国風土記』　別名：沼河日売、奴奈川姫

オオクニヌシの妻のひとり。沼川（現在の新潟県糸魚川市）に住んでいて、その賢さを伝え聞いたオオクニヌシが妻にとやってきて、結婚したという。『古事記』ではこれ以上の記述はないが、この２柱のあいだに生まれたのがタケミナカタ（➡p191）であるという。

また、ヌナカワヒメの住む付近の地域には、宝石のヒスイがとれる川があったことからヌナカワとは「玉の川」すなわちヒスイのとれる川の女神のことではないか、とする説もある。

ヒカワヒメ(日河比売)

出典:『古事記』

水の神であるオカミカミ（淤加美神）の娘。神社や神道に関連する書籍を発行している神社新報社の《日本神名辞典》によると、名前の“日”は“霊”を意味し、「霊的な川の巫女」のことであるとされる。

さらに、その名義から神が出現する神秘的な川や聖なる川、その川の水でお祓いを行う巫女などとの関連性を指摘している。

『古事記』では、ヒカワヒメがスサノオの孫と結婚し、生まれた子供の孫がオオクニヌシであるとしている。

ヒナガヒメ(肥長比売)

出典:『古事記』

垂仁天皇とサホヒメ（➡ p150）のあいだに生まれた、ホムツワケ（本牟都和気）の物語に登場する女性。ホムツワケは生まれてからずっと言葉を発することができなかったが、ある日、垂仁天皇の夢にオオクニヌシがあらわれ「私の宮殿を天皇の宮殿のように整えたら、息子は言葉を発することができるようになる」と言う。垂仁天皇は息子を出雲に向かわせ、夢のお告げのとおりにしたところ、話ができるようになったのである。

その帰り、ホムツワケはヒナガヒメと一晩をともにすることになったが、彼がふとヒナガヒメを見ると、彼女の体が蛇だった。これに驚いたホムツワケは逃げ出すが、悲しんだヒナガヒメは海原を照らしながら船で追ってきたという。しかし、結局ホムツワケはヒナガヒメとは一緒にならず、逃げ帰っている。

以上の物語は『古事記』のもので、『日本書紀』では、白鳥を見たホムツワケが初めて言葉を発し、その後捕まえた白鳥と遊んでいるとしゃべれるようになったのだという。

ヒバスヒメ(比婆須比売、氷羽州比売)

出典:『古事記』『日本書紀』　別名:日葉酢媛、日葉洲媛、日葉酢根命

垂仁天皇の妻のひとり。彼女の死は、ある道具がつくられるきっかけとなった。それまでの日本では、身分の高い人物が亡くなると配下などがあとを追って死んだり墓に埋められたりする「殉死」が行われていた。垂仁天皇はこの風習を悪しきものだと嘆き、ヒバスヒメが亡くなったときにその葬儀方法について配下に相談したという。配下はこれを受けて、生きた人間のかわりに「埴輪《はにわ》」を墓に埋めることにした。これ以降、墓の副葬品に、人や馬に似せた埴輪が使われるようになったのだという。

フタジノイリヒメ(布多遅能伊理毘売)

出典:『古事記』『日本書紀』　別名:石衝毘売(いわつくひめ)

ヤマトタケルの妻のひとり。垂仁天皇の娘で、ヤマトタケルとのあいだに、のちに14代天皇となる仲哀《ちゅうあい》天皇を産んでいる。なお、ヤマトタケルの妻には「フタジヒメ」（布多遅毘売）という似た名前の女性もいるが、こちらはオオタムワケ（意富多牟和気）という豪族の娘で別人である。

フテミミ(布帝耳)

出典:『古事記』

洪水の神であるオミズヌ（淤美豆奴）の妻で『古事記』ではオオクニヌシの祖母。「記紀神話」に登場するほかの女神に比べて珍しい名前だが、その名前の意味やフテミミ自身が何の神であるのかなどは不明である。

ただ、2神の息子が衣服に関連する神であることから、フテミミ自身も衣服の女神ではないかという意見がある。また、“耳”という字から、いわゆる福耳と関係あるのではないか、とする意見がある。

ミヤズヒメ(美夜受比売)

出典:『古事記』『日本書紀』　別名:宮簀媛

ヤマトタケルが東国を平定した帰り道に妻に迎えた女性。ヤマトタケルより神剣天叢雲剣《あめのむらくものつるぎ》を預かり、その後ヤマトタケルが死去すると、熱田（現在の愛知県名古屋市熱田区）の地に社殿を建立し、神剣を奉納したという。これが熱田神宮の起源だとされる。

現在も熱田神宮では、ヤマトタケルとともにミヤズヒメも祀られている。

メドリ（女鳥）

出典：『古事記』『日本書紀』　別名：雌鳥

仁徳天皇の弟、ハヤブサワケ（速総別）の妻となった女性。ただ彼とメドリの結婚は悲恋となってしまっている。実は最初にメドリに求婚したのは仁徳天皇だった。そこで仲介役としてハヤブサワケを送ったのだが、メドリは、仁徳天皇の正妻イワノヒメ（➡p148）の気性の激しさから、自分はお仕えできないと言ってハヤブサワケと結婚したのである。

この後、メドリとハヤブサワケが謀反を起こすような和歌を詠んだことを知った仁徳天皇はふたりを殺すため軍を派遣。メドリとハヤブサワケは逃げるがついには殺されてしまった。

ヤサカトメ（八坂刀売）

出典：民間伝承

国譲りの神話のとき、タケミカヅチと力比べをしたタケミナカタの妻。「記紀神話」には登場せず、タケミナカタの祀られている諏訪《すわ》独自の女神だと考えられている。タケミナカタとヤサカトメを祀る諏訪大社には「下社《しもしゃ》」と「上社《かみしゃ》」があり、ヤサカトメは下社、タケミナカタは上社に祀られている。

また、諏訪大社付近にある諏訪湖は、冬場に湖面が全面凍結することで知られているが、昼夜の気温差が激しいため氷が収縮・膨張し、大音響とともに湖面に亀裂が入ることがある。この現象は「御神渡《おみわた》り」と呼ばれ、タケミナカタがヤサカトメに会いに行くときの道なのだと信じられていた。

ヤマトトトヒモモソヒメ（夜麻登登母母曾毘売）

出典：『古事記』『日本書紀』　別名：倭迹迹日百襲媛

７代天皇孝霊《こうれい》天皇の娘。神秘的な逸話が複数伝えられており、例えば、ある少女が歌った歌から家臣の謀反を知ったり、10代天皇、崇神天皇から災害が続く理由を占ってほしいと言われたときは、神を自分に憑依させて神の意志を伝達している。

その後、ヤマトトトヒモモソヒメは蛇の体をした神オオモノヌシの妻となるが、夫の真の姿に驚いてしまったため怒りを買い、後悔から箸で自分の陰部を突いて自殺してしまった。

このヤマトトトヒモモソヒメのものとされる墓（古墳）が奈良県にあり、その規模の大きさから相当な権威があったと考えられている。また、彼女と邪馬台国の女王“卑弥呼”との関係性も指摘されている。

ヤマトヒメ（倭比売）

出典：『古事記』『日本書紀』　別名：倭姫

垂仁天皇とヒバスヒメ（➡p151）の娘。『日本書紀』によれば、彼女が伊勢の地に社を建てたのが、日本の神道の総本社、伊勢神宮の起源とされている。

ヤマトタケルが各地の勢力を討伐するとき、神剣天叢雲剣《あめのむらくものつるぎ》を授けたり、彼に自分の衣服を渡し、ヤマトタケルがその服で女装して敵を倒すのを手助けするなどしている。

ヤマトヒメ（右）

ヨモツシコメ（予母都志許売）

出典：『古事記』『日本書紀』　別名：黄泉醜女、泉津目狭女

死者の国である黄泉の国に住む醜い姿をした女性。一説では８人いるともされる。

イザナギは死んでしまったイザナミ（➡p26）に会うため黄泉の国を訪れたが、イザナミの醜く腐った姿を見て逃げ出してしまった。姿を見られて怒ったイザナミが差し向けたのがヨモツシコメである。イザナギがさまざまな物をヨモツシコメに投げつけると、山ぶどうの木が生えてきた。ヨモツシコメがそれを食べているあいだにイザナギは黄泉の国の入り口までたどり着き、難を逃れている。

ゼロから楽しむ『古事記』と『日本書紀』

日本の神話の大部分は、
ふたつの歴史書、
『古事記』と『日本書紀』に
書かれているんです！
アマテラス様とヒノカグツチ様が、
この『古事記』と『日本書紀』とは
何なのか、
どんなお話がのっているのかを
教えてくださるそうですよ♪

どれから知りたい？ 日本神話オススメ Yes&Noチャート

日本神話のことをもっとくわしく知りたいみんなのために、日本神話の原典資料『古事記』『日本書紀』『風土記』をくわしく教えちゃうよ～♪
どれから見たい？　キミにぴったりの原典がどれか調べてみようか！

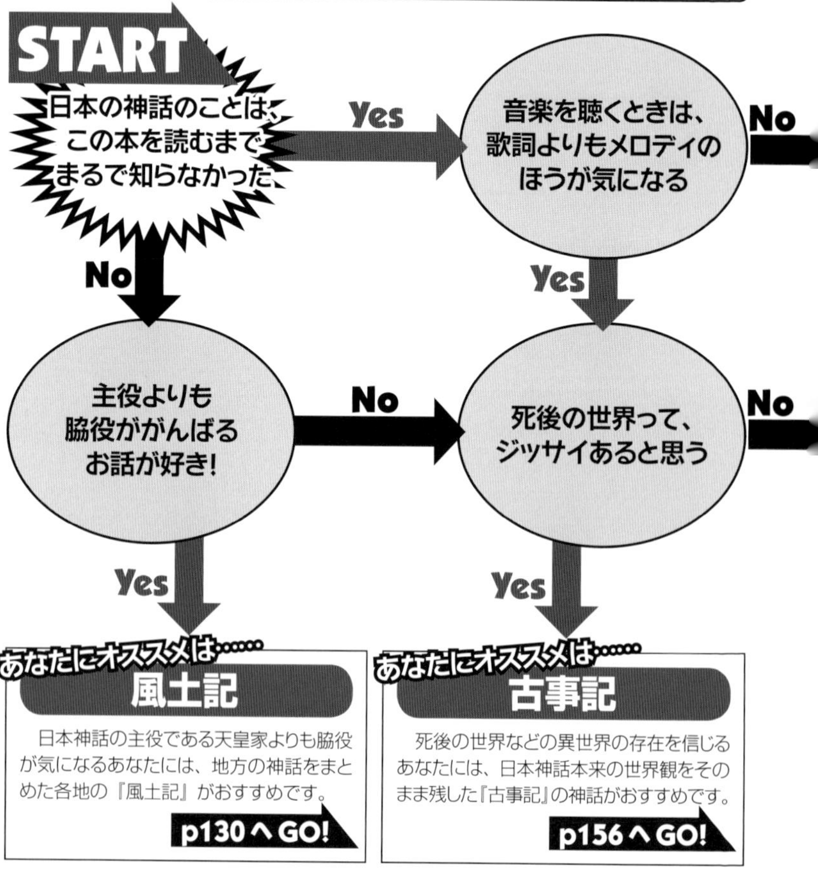
START
日本の神話のことは、この本を読むまでまるで知らなかった
Yes
No
音楽を聴くときは、歌詞よりもメロディのほうが気になる
No
Yes
主役よりも脇役ががんばるお話が好き！
No
死後の世界って、ジッサイあると思う
No
Yes
Yes

あなたにオススメは……

風土記

日本神話の主役である天皇家よりも脇役が気になるあなたには、地方の神話をまとめた各地の『風土記』がおすすめです。

p130へGO!

あなたにオススメは……

古事記

死後の世界などの異世界の存在を信じるあなたには、日本神話本来の世界観をそのまま残した『古事記』の神話がおすすめです。

p156へGO!

これに順番に答えていけば、最初に読むおすすめの歴史書を教えてくれるんだって。えーっと、私は『日本書紀』になったよ！

わたくしは『古事記』になりましたから、156ページに行けばよいのですね。さっそくページをめくってみましょう！

No →

分厚い本でも苦にせず楽しめるほうだ

Yes →

あなたにオススメは……

日本書紀

記述の豊富さを楽しみに変えられるあなたには、全30巻構成の長大な記述が魅力の『日本書紀』がおすすめです。

p160へGO!

No ↓

No →

ひとつの正解より、無数の可能性を見たい

No →

あなたにオススメは……

古事記

神話には一本筋が通っているべきだと思うあなたには、始めから終わりまで一貫した物語を語る『古事記』がおすすめです。

p156へGO!

Yes ↓

あなたにオススメは……

日本書紀

お話にはバリエーションが必要だというあなたには、複数の「別伝」を紹介している『日本書紀』がおすすめです。

p160へGO!

お主が選んだのはどの文献かな？

『古事記』とは?

2名様、『古事記』の世界にご案内～♪
『古事記』は、日本でいちばん古い歴史書だよ。読み物としての完成度が高いのが『古事記』の特徴だね。

『古事記』は日本最古の歴史書です。完成したのは西暦 712 年、有名な「聖徳太子」の死から 80 年後、奈良に都を置く「平城京」が完成した 2 年後でした。日本の歴史区分でいえば、奈良時代初期の文献ということになります。

『古事記』の制作を命じたのは、完成の約 40 年前に天皇に即位した「天武天皇《てんむてんのう》」と、その 3 代後、天武天皇の没後 19 年で即位した「元明天皇《げんめいてんのう》」です。時代の違うふたりの天皇が制作を命じたことになっている背景には、以下のような流れと事情があったことが、『古事記』の序文に書かれています。

有力豪族の家に伝わっている歴史書には間違いが多すぎる。今これを正しく直さないと、数年もしないうちに歴史が滅んでしまうだろう。
正しい歴史を後世に伝えることは、政治の基本中の基本なので、すぐに正しい歴史の編集作業をはじめよう。

天武《てんむ》天皇

まずは天皇家に伝わっている歴史書から嘘を排除し間違いを正して、それを記憶力にすぐれた人間に暗記させることにしよう。

しかし、天皇の代替わりなどが原因で、暗記した歴史を書物にまとめる作業は始まりませんでした。これを再開させたのが元明天皇です。

約30年後

元明《げんめい》天皇

使用人の稗田阿礼が暗記して語っている歴史を、
内容を整え、書物としてまとめるのです。

こうして『古事記』編纂スタート!

古事記を作った、ふたりの天才

古事記っていう歴史書は、国の歴史書を作るにしてはすごく少ない人数のスタッフの手で作られたの。朝廷の古い歴史書を、たったふたりの天才が、ひとつの物語としてまとめたものなのよ。

『古事記』のできるまで

天皇家の古い歴史書を……
暗記の天才が記憶して整理し……
文章の天才が書物にまとめる
帝紀（ていき）
天皇家の血縁関係の記録
旧辞（きゅうじ）
国家起源神話や宮廷内の出来事
稗田阿礼《ひえたのあれ》
太安万侶《おおのやすまろ》

『古事記』の編集作業に大きな役割を果たしたのは、稗田阿礼と太安万侶というふたりの人物でした。稗田阿礼が複数の歴史書から暗記した神話や歴史を、太安万侶が書き取り、正しい歴史を読みやすい文章でまとめあげたのです。

稗田阿礼とは？

稗田阿礼は、朝廷につとめる下位の役人よ。暗記力がスゴイことで有名で、一回読んだ文献は一字一句まで暗記できたらしいわね。ただ、それ以外の素性はまったくわからないの。男だったのか女だったのかすら不明なのよね。

太安万侶とは？

太安万侶は稗田阿礼と違い、身分の高い役人貴族だ。学者として高く評価されていてな、元明天皇はこの男の学識に目をつけて『古事記』の編集を任せたらしい。一説によれば『日本書紀』の編集にも参加しているというぞ。

おふたりが編纂した『帝紀』と『旧辞』というのは、一冊のまとまった文献ではなくて、「朝廷のまとめた帝紀」、「豪族のまとめた帝紀」という感じで、バラバラに存在していたんだそうです。天武天皇は、それらをまとめさせて「朝廷の決める帝紀と旧辞はこれだ！」って決めることで、豪族たちが勝手なウソ歴史を作らないようにクギを刺したんですね。

『古事記』はこんな本！

『古事記』は、序、上つ巻、中つ巻、下つ巻の４章構成で、ぜんぶで３巻の本にまとめられた歴史書なの。
各巻の内容はこんな感じね！

『古事記』は西暦 712 年に完成した書物ですが、現在実物が残っているなかで最古のものは、鎌倉時代と室町時代のあいだの時期である 1372 年に書き写された『真福寺本』と呼ばれる写本です。上巻、中巻、下巻の３巻構成で、それぞれ以下のような内容になっています。

序：編集の経緯

『古事記』の著者である太安万侶が、この本を編集することになった経緯や、本の意義について説明した部分です。

上つ巻：神代の物語

世界が生まれ、神々や日本の国土が誕生してから、のちに初代天皇「神武天皇」となるカムヤマトイワレビコが生まれるまでの出来事をまとめた、神話的な物語です。

中つ巻：神武天皇～応神天皇

初代天皇の神武天皇が天皇に即位するまでの物語に始まり、15 代目の応神天皇が崩御するまでの、約 1000 年間の出来事を書いた歴史物語です。

下つ巻：仁徳天皇～推古天皇

16 代目の仁徳天皇からはじまり、聖徳太子の母として有名な 33 代目の推古天皇までの、約 300 年間の出来事を書いた歴史物語です。

実は『古事記』で神々の神話が語られているのは、全体のわずか３分の１でしかない。残りの３分の２は、神武天皇以降の天皇家の歴史を紹介する内容になっておる。もともと歴史を残すために書かれた本であるし、当然よな。

アマテラスがPUSH!
古事記のこんなイイところ

古事記っていう文献は、徹底的に「読む」ことを考えた構成になっているの。もともとは稗田阿礼クンが天皇家のお偉いさんに語り聞かせるために暗記したものだから当たり前よね。お姉さんは、こんなところが古事記の魅力だと思うな！

Q. 古事記の魅力ってどんなところ?

A. お話として、読んでて楽しいってことかな！

『古事記』では、世界で起こった出来事が、最初から最後までひとつながりの物語として書かれています。そのため『古事記』は、もともとは「歴史書」として作られたものでありながら、読んで楽しむ文学作品として高く評価されています。

また、『古事記』に登場する神々は、物語の要所要所で、五七五七七の「和歌」を詠むことがあります。この和歌は実際に神々が詠んだものではなく、『古事記』編集当時に宮廷で流行していた和歌から、神話の場面に適したものを選んで、物語に挿入したものです。

つまりこれも、『古事記』を楽しく読むための文学的工夫なのです。

和歌っていうのは、奈良時代の貴族のみなさんにとっては最大の娯楽だったんだそうです。神話の物語を聞きながら素敵な和歌が楽しめるなら、神話を熱心に学べるというわけですね。現代的に言えば、難しい歴史をマンガで書いて、誰にでも読みやすくするようなものでしょうか？

Q. 古事記の名前って長すぎない?

A. そのかわり、文字を見れば発音がわかるんだよ

『古事記』制作当時の宮廷では、正式な文書は中国の言葉「漢文」で書くのが普通でした。しかし漢文で書いた文章では、神の名前の意味はわかりますが、「どう発音するのか」がわからなくなってしまいます。そこで『古事記』の著者である太安万侶は、日本語の発音ひとつひとつに対応する漢字を当てる「借字」の手法を採用し、名前の文字を見れば発音がわかるようにしたのです。

古事記の神名のメリット

日本書紀では　木花開耶姫
➡意味はわかるが読みがわかりにくい

古事記では　木花《このはなの》佐《さ》久《く》耶《や》比《び》売《め》
➡漢字でも読み方がすぐわかる！

『日本書紀』とは?

『日本書紀』を選んだキミ！　本格志向だね！『日本書紀』は、正式で、権威ある書物として書かれた、超本格派の歴史書だよ。「日本の正式な歴史」といえば、『古事記』じゃなくてこっちなの♪

『日本書紀』は、西暦 720 年、奈良時代初期に完成した歴史書です。日本や中国など東アジアの国々では、国が認めた正式な歴史書のことを「正史」と呼びます。『日本書紀』の 8 年前に完成した『古事記』は正式な歴史書と認定されてはいないので、『日本書紀』は日本最古の「正史」ということになります。

『日本書紀』は、西暦 681 年に、天武天皇という人物が以下のような形で編集を命じ、39 年かかって完成しました。

『日本書紀』制作のきっかけ

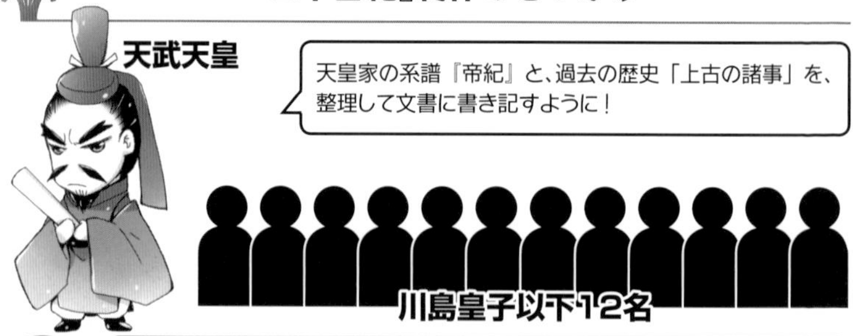
天武天皇
天皇家の系譜『帝紀』と、過去の歴史「上古の諸事」を、整理して文書に書き記すように！
川島皇子以下12名

ひゃぁ～！　12 人のスタッフが 39 年間ですか！
お給料だけでもすごい金額。こっちはお師匠様と私の 2 人体制ですよ、人手がたっぷりでうらやましすぎます！　ずるい！

正式な歴史書を作るためには、日本中の文献を集め、読み、記述の内容をつきあわせ、どの記述を採用してどれを無視するのかを決めねばならぬ。必然的に、とてつもない時間と労力がかかる大事業になるのだ。

まあ、39 年間休まず調べて書き続けてました、ってわけじゃないみたいなんだけどね。ちなみにもう 1 冊の歴史書『古事記』の原型を作れって命令したのも、この天武天皇くんだよ。すごく歴史に力を入れていたんだね。

『日本書紀』の構成

『日本書紀』は全 30 冊！ 158 ページを見てもらえればわかるんだけど、『古事記』のほうはたった 3 冊にコンパクトにまとまってるの。いかに『日本書紀』がボリューム満点の歴史書なのかがわかるでしょ。

日本書紀は全30巻+系図1巻

『日本書紀』は、全 30 巻と系図 1 巻で構成された長大な歴史書です。30 巻のうち最初の 2 巻が、神武天皇即位以前の神話が書かれた部分で、それ以降は天皇ひとりに 1 巻ずつを裂いて、その業績や天皇の治世で起きた特別な出来事を、時間の流れに沿って説明しています。

ただし在位中に特別な出来事が少なかった、または記録があまり残っていない初期の天皇については、1 巻に複数の天皇をまとめて紹介している場合もあります。

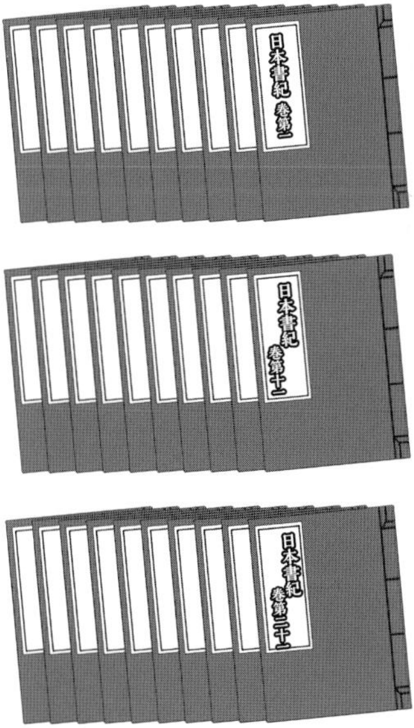

巻数	題と内容
巻第一	神代上
巻第二	神代下
巻第三	神武天皇
巻第四	綏靖天皇～開化天皇（全 8 名）
巻第五	崇神天皇
⌇	
巻第二十二	推古天皇
巻第二十三	舒明天皇
巻第二十四	皇極天皇
巻第二十五	孝徳天皇
巻第二十六	斉明天皇
巻第二十七	天智天皇
巻第二十八	天武天皇　上
巻第二十九	天武天皇　下
巻第三十	持統天皇

『日本書紀』では、全 30 巻のうち神話の時代について語られているのは、巻第一と巻第二の 2 冊のみだ。天皇家を中心に、日本国の歴史について紹介することに主眼が置かれた文献だということが、この構成からも見て取れるな。

『日本書紀』はこんな歴史書!

『日本書紀』の内容は、国の正式な歴史書っていう権威を保つために、いろんな工夫がされてるの。
そのなかでも大きな特徴は、このふたつね♪

複数の“別伝”を収録

歴史や神話は、伝える人が違えば、内容も違うのが当たり前です。そのような片寄りを避け、本当に伝えるべき伝承が消えてしまわないように、『日本書紀』は、ひとつの事件について語られた神話を、「別のところにはこんな内容の神話もある」と、複数の似た話を併記する形で紹介しています。

『日本書紀』では、正式な神話を「本文」、正式ではないが考慮するべきその他の異説を「別伝」と呼びます。

日本書紀の“別伝”の例

本文	アマテラスは投げ込まれた皮剥の馬に驚き、機織り機で怪我をした
別伝1	投げ込まれた皮剥の馬に驚いたワカヒルメという女神が、機織り機で怪我をして死んだ
別伝2	スサノオは機織り場に皮剥の馬を投げ込んだが、アマテラスは寛大に許した

な、なるほど～。ひとつのエピソードに複数の説を載せているから、本文の量が何倍にもなっちゃうってわけですか。
これなら『日本書紀』が30冊もあることにも納得できますよー。

文体は“意味”重視の漢文体

『日本書紀』編集当時の日本人は、「やまとことば」という独自の言葉で話していましたが、公式文書は中国の「漢文体」で書きました。『日本書紀』も漢文の文書です。

神の名前は、その神がどんな特徴を持つ神なのかが文字を見れば伝わるように、意味重視で漢字が当てられています。

神の名前は……

古事記	**木花《このはな》之《の》佐《さ》久《く》夜《や》毘《び》売《め》** “さくや”の音を重視
日本書紀	**木花《このはなの》開《さく》耶《や》姫《びめ》** 花が“開く”意味を重視

漢字って、文字を見れば意味がわかるようにできていますからね。
たしかにこれなら、日本語を知らない方が読んでも、お話に登場している神様がどんな種類の力を持つ神様なのかがすぐにわかります。

ヒノカグツチがPUSH!
日本書紀のヒミツ

ここだけの話だが、実は『日本書紀』には、内容の正確性に疑問のある部分がある。どうも、記事の内容をあとから捏造したのではないかと疑わしい部分があるのだよ。

ええっ、捏造ですか!?
国の正式な歴史書に捏造だなんて大問題じゃありませんか！
……えっ、捏造を命令したのは朝廷っぽい？　なお悪いです～!!

『日本書紀』の著者は２グループいた

『日本書紀』は、非常に多くの著者がチームを組んで編集した歴史書です。現在では、文章のクセなどを分析した結果、日本書紀の編集者には「正しい漢文を操る著者」と「日本風のなまりがある漢文しか書けない著者」の２種類がいたことがわかっています。

α 群

正しい漢文で
本文を書くグループ
・続守言、薩弘恪ら
（中国からの移住者）

β 群

文章に「倭習（日本風なまり）」
がある本文を書くグループ
・山田史御方ら
（朝鮮留学帰りの日本人など）

どうして2種類の文体が混じっているの？

『日本書紀』の本文を分析すると、全30巻のうち14～21巻と24～27巻をα群の中国人が、それ以外の巻をβ群の帰国子女たちが書いたことがわかります。ところが24巻と25巻は、α群の中国人が書いたところなのに、一部の記述に日本風のなまりが見られるのです。

この部分では、朝廷にとって大事件だった「大化の改新」などの事件について説明されています。つまりこの部分は、一度α群の著者が書いた本文を、あとからβ群の著者が書き直した可能性が高いのです。

大化の改新ってどんな事件だったか知ってる？『日本書紀』編集開始の30年くらい前に、宮廷の有力者だった豪族、蘇我氏の頭領を、皇太子とその仲間が暗殺して、新しい政治体制を作った事件よ。今風に言えばクーデターということになるのかしらね。
『日本書紀』を作っていた当時の朝廷は、クーデターの勝利者たちの子孫といえるの。だから自分たちに都合の悪い記述を削除するために、もともとα群の中国人が書いていた文章を、β群の日本人に書き換えさせたのかもね。

こんなに違う!! 古事記と日本書紀

日本を代表する歴史書にして神話集である『古事記』と『日本書紀』それぞれ特色がある本だということはここまで説明してきたけど、具体的にはどう違うと思う？　わかりやすいように一覧表にしてみたよ。

古事記と日本書紀はここが違う!

古事記では？	相違点	日本書紀では？
全3巻	巻数	全30巻＋系図1巻
712年	完成年代	720年
稗田阿礼と太安万侶	編纂者	川島皇子、舎人親王ら20名前後
推古天皇（628年）まで	収録期間	持統天皇（703年）まで
紀伝体と編年体の中間	形式	編年体
日本語重視の変体漢文	文体	漢文
別伝なし	別伝	別伝あり
日本本来の伝承に近い	創世神話の内容	中国風に改変
高天原と黄泉国がある	世界の構造	高天原も黄泉国もない
死んで黄泉国に行く	イザナミ	ヒノカグツチ（➡p187）を産んでも死なない
イザナギがひとりで産んだ子	三貴子	イザナギ、イザナミ夫婦の子
オオクニヌシを大きく取り扱う	出雲国の扱い	出雲神話をほとんど扱わない

『古事記』と『日本書紀』の神話って、ほとんど同じだって話だったけど、こうしてみてみると、細かいところにはかなり違いがある感じ？

すみませんお師匠様、「紀伝体」と「編年体」とは何でしょうか？
恥ずかしながら、そのほかにもいくつかわからない用語が……。

む、たしかに歴史書の用語には、日常生活では使わない専門用語が多いのだった。
それでは、わかりにくい単語については詳しい説明を入れるとしよう。

編年体と紀伝体とは?

　編年体と紀伝体とは、中国をはじめとする漢字文化圏における、歴史書の書き方です。編年体は、時間の流れにそって、その国で起きた出来事を順番に説明していきます。出来事の主役が誰かは問題になりません。
　紀伝体では、ひとりの個人にスポットライトをあて、その個人の人生を時間に沿って紹介していきます。そのため、主人公が切り替わるときに時間が戻る場合があります。

文体の違いとは?

『日本書紀』の文章は、当時の中国で使われていた「漢文体」で、神々の名前も「名前の意味」がわかるような漢字で表記されています。
『古事記』の文章は、すべての文字が漢字で書かれていますが、神々の名前などを「日本語でどう発音するのか」がわかるように、文字が発音重視で選ばれています。

別伝とは?

　162ページでも紹介したとおり、『日本書紀』に書かれている歴史は、ひとつの事件について「違う内容を伝えている複数の文献」を併記し、どれが正しい歴史なのかを編集者が決めないことで、歴史書そのものの信用性を高めようとしています。
　この「併記された違う内容」のことを「別伝」といいます。これは『古事記』にはまったく見られないものです。

神話の内容にも重大な違いが

『古事記』と『日本書紀』に書かれている神話は、大筋は同じものですが、世界の仕組みや物語の展開に、小さいながら重要な違いがあります。
『日本書紀』では、世界の創造などの重要イベントが「陰陽思想」など中国の理論に準じた形で紹介されています。また、『古事記』で紹介されている、神々の住む世界「高天原」は『日本書紀』では語られず、「天の国」というあっさりした表現になっています。死後の世界「黄泉国」も、「別伝」のみで登場し、正規の本文では死後の世界が語られません。
　また、日本の最高神であるアマテラスとその弟たちが、イザナギの禊ぎによって生まれたのではなく、イザナギ、イザナミの夫婦から生まれたとされるのも重要な違いです。

はーい注目〜！『古事記』と『日本書紀』で、こんなに違いがあるのはなんでだと思う？
それは、この2冊の本、作られた目的が微妙に、それでいて決定的に違うからなの。
くわしくは次のページで説明するよ〜！

内容の違いは、使い道が違うから!

なんで『古事記』と『日本書紀』の内容に違いがあるのか、それは書かれた目的がぜーんぜん違うからなの。
ふたつの歴史書が作られた理由は、こんな感じね!

国内向けの読み物だった『古事記』

『古事記』の編集を命じた天武天皇は、天皇の一族でありながら、有力豪族「蘇我氏」に殺されそうになって朝廷から逃亡、のちに武力クーデターによって天皇の地位を手に入れた人物です。このように当時の天皇の権力は小さく、朝廷に従わない勢力も日本中に存在していました。

そのため天皇は、天皇家の正当性を国内にアピールするため、広く日本人に読ませるための歴史をまとめさせたと考えられます。

つまるところ『古事記』は、国内の政治のための歴史書なのだ。「我が国の歴史はこうなのだ。天皇と朝廷が支配するのが当たり前なのだから、天皇と朝廷に従え」と、朝廷以外の有力者を屈服させるのが目的だったのだな。何が正しいかは朝廷が決めればよいのだから、『日本書紀』のような別伝は必要がなかろう。

国外にも目を向けた『日本書紀』

一方で『日本書紀』は、国内だけでなく国外の支配者層に読ませることも意識したつくりになっています。『日本書紀』の文章が中国の「漢文」になっているのは外国人でも読めるようにするためです。高天原や黄泉国という日本独自の世界観が説明されないのも、神話の内容を中国的にするためで、神話の内容に「別伝」を乗せるのも、中国の正式な歴史書と同じ形式にすることが狙いでした。

なるほど、読む人が日本人じゃない可能性があるから、たとえば神様の名前では『古事記』みたいに日本語の読みを重視する必要はなくて、文字から神の特徴がわかるように、意味重視の当て字をしたほうがいいんだね!

はい、まろんちゃん大正解!
「別伝」についても同じ理由ね。中国の歴史書っていえば『史記』だとか『三国志』とかがあるけど、どれも別伝を乗せる形式だから、それを真似っこしたの。

どうして『日本書紀』は外国を意識するの?

アマテラス様、でもなんで『日本書紀』は、外国人に読まれることを意識して書かれたんでしょうか。
たしかに我が国は、中国や朝鮮、南方諸国と交流がありますが……。

まろんちゃん、それは簡単よ。日本という国が国として続くために必要だったの。
あのころの日本ってすごく危険な立場だったのよ。中国と戦争もしたしね。

ええっ!? 日本と中国、こんな時代に戦争してたんですか!?

日本が『日本書紀』を必要としたわけ

中国の"中華思想"

中国には「中華思想」という思想があり、外国はすべて蛮族だと考えます。中国から見れば日本も蛮族なので、対等な国として認めさせるには、きちんとした「文化」を見せつけなければいけません。

戦争による緊張

天武天皇の時代は、「白村江《はくすきのえ》の戦い」で日本軍と中国軍が戦争をするなど、外国との緊張感が高まっていました。日本は独立を守るために、日本の国力を海外にアピールする必要がありました。

これに対応するために……

立派な歴史書を作って、

日本が一流国だとアピールしなければならない!

というわけだ。もちろんこれだけが理由ではないが、朝廷が中国の形式で『日本書紀』をつくった動機の多くの部分を占めていることは間違いあるまい。

歴史書を作ることにそんな意味があったなんて……。
ううーん、燃えてきたのだ! 私が作る国史にそんな価値があるなんて、陛下のご期待を感じまくりだよっ! ぜったいいいものにしなきゃ!

日本神話みどころダイジェスト

はーいみんなー？　ここまではひたすら女神本人の紹介や、文献そのものについてお話ししてきたけど、ここから話題解禁！　日本神話はどういうお話で、どんなおもしろい見どころエピソードがあるのかを、『古事記』の神話をベースに話すからね！

天地開闢《てんちかいびゃく》

宇宙と世界がどのように生まれたのかを説明する神話です。事実と神の名前の羅列で、物語性は薄いのですが、のちの神話を知るうえで前提となる部分です。

（➡p20）

高天原神話

神々の住む世界、高天原を舞台にした神話群です。高天原の支配者であるアマテラスと、その弟スサノオの争いや、その後のスサノオの活躍を中心に物語が展開します。

（➡p66、172）

神話のはじまり
天地開闢
日本列島と神々の誕生
高天原の神々
地上の発展

国産み、神産み

イザナギとイザナミの夫婦神が、日本列島と、その後活躍する重要な神々を産みます。死んだイザナミを追いかけて死者の世界「黄泉」に下る物語が特に有名です。

（➡p30）

国作り神話

スサノオの子孫であるオオクニヌシという神が、地上世界「葦原中国」を豊かな国にしていく神話です。彼は、昔話で有名な「因幡の白兎」神話の主人公でもあります。

（➡p92、174）

主人公たちの相関図

次ページから紹介する、日本神話の名場面で活躍する主役の神々を、人物相関図としてまとめるとこうなります。創造の神イザナギから連なる、子孫たちの物語です。

この相関図に紹介されてるアマテラス様以外の神様は、これから紹介する「日本神話」の物語で主役になっている神様だよっ！

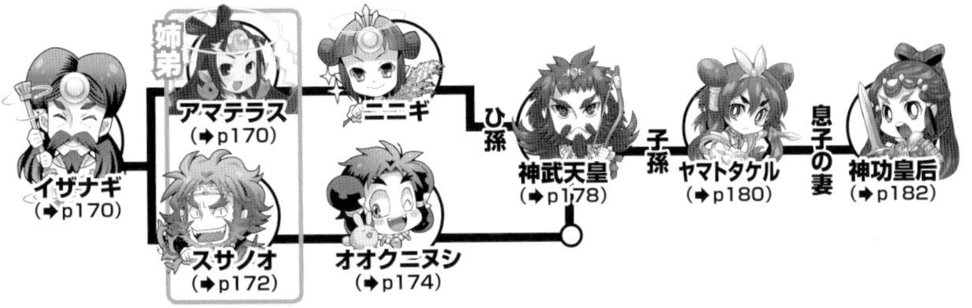

イザナギ
(➡p170)
姉弟
アマテラス
(➡p170)
スサノオ
(➡p172)
ニニギ
オオクニヌシ
(➡p174)
ひ孫
神武天皇
(➡p178)
子孫
ヤマトタケル
(➡p180)
息子の妻
神功皇后
(➡p182)

国譲り、天孫降臨

オオクニヌシたち国津神が育てあげた葦原中国の支配権を、アマテラスたち天津神が手に入れます。アマテラスの子孫「天孫」は、国津神と交わって勢力を増やしていきます。

(➡p92,110,176)

ヤマトタケルの冒険

初代天皇「神武天皇」の即位から約 1000 年後。日本神話屈指の英雄であるヤマトタケルが、たったひとりで日本の東西を征服し、戦いの中で命を落とすまでの物語です。

(➡p180)

地上に降りた神の子の話

天皇の歴史

『古事記』『日本書紀』のできた時代へ

神武東征

天孫ニニギのひ孫である「カムヤマトイワレビコ」が、近畿地方を征服し、「天皇」を名乗るまでの、旅と戦いの物語です。

(➡p178)

神功皇后の新羅征討

日本の歴史上数少ない女性指導者のなかでも、屈指の女傑として特に有名な、神功皇后による対外戦争の物語です。

(➡p182)

日本神話ダイジェスト①
黄泉比良坂《よもつひらさか》

最初にお姉さんが注目するのは、お姉さんのパパ。日本列島と神々を産み落とした創造神イザナギ様よ〜。死んでしまったイザナミママを追いかけて、使者の世界まで来てしまったイザナギパパは、ここからどうするのかしら？

ここまでのあらすじ！

神話上はじめての結婚によって、
日本列島や多くの神々を生んだイザナギとイザナミ。
しかし火の神ヒノカグツチを産んだときの火傷で、妻イザナミは命を落とします。
愛するイザナミを忘れられないイザナギは、
死者の住む世界「黄泉」への入り口「黄泉比良坂」を降りていきます。
イザナギは、死の運命に逆らい、妻イザナミを取り戻そうとしているのです。

この神話の主人公！

イザナギ

記：伊邪那岐命（いざなぎのみこと）
紀：伊弉諾神（いざなぎのかみ）

30ページで紹介したとおり、イザナミは、世界や神々を産み出した創造神です。『日本書紀』によれば、アマテラスたち三貴子に世界の支配を任せたイザナギは、国産み神話で最初に産み落とした「淡路島」に、「幽宮《かくりのみや》」という建物をつくって余生を過ごしたといいます。現在淡路島で信仰を集める神社「伊弉諾神宮」では、このときイザナギが作った「幽宮」の遺跡が伊弉諾神宮だと説明しています。

イザナギは日本の神社において、長寿、事業の成功、縁結び、夫婦円満の御利益がある神として信仰されていますが、主神アマテラスの父神という立場のわりに、イザナギ信仰はあまり盛んとはいえません。日本神話研究の権威である文学博士の松前健は、「イザナギがあまり大きく扱われない理由は、イザナギはもともと天皇家が信仰していた神ではないからだ」という説を提示しています。

『古事記』が編集された7世紀ごろ、イザナギ最期の地である淡路島には、南方から海を越えて移住してきた「海人《あま》族」が暮らしていました。海人族の役目は朝廷に食べ物を献上することで、朝廷と関係の深い一族でした。『古事記』の編集者たちは、日本の神話を組み立てる課程で、海人族の地方神にすぎなかったイザナギとイザナミを神話に取り込み、国土創成の夫婦神と位置づけた可能性があるのです。

死せるイザナミと追うイザナギの黄泉行

黄泉比良坂を下って黄泉国にたどり着いたイザナギは、黄泉国の入り口の戸越しに、一緒に帰ろうとイザナミに呼びかけます。それに対してイザナミは、黄泉の神と相談をするあいだは、自分の姿を見てはいけないと求めます。ですがあまりに長時間待たされたため、イザナギは妻の言いつけを破り、体が醜く腐り落ちて 8 柱の雷神にまとわりつかれたイザナミの姿を見てしまいました。

恥ずかしい姿を見られたイザナミは怒り、8 柱の雷神やヨモツシコメという怪物にイザナギを追わせます。イザナギは必死で逃げるしかありませんでした。

イザナギ様？　女性にとってお化粧は大事な儀式なんです！
女性がいいって言うまで絶対に見ちゃだめですよ、気をつけてくださいね !!

妻なきイザナギ、ひとりで神を産む

黄泉国から逃げ帰ったイザナギは、黄泉国の穢《けが》れを落とすために、川の水で身を清める「禊ぎ」を行います。イザナギが洗い落とした黄泉の穢れからは、多くの水の神、清めの神が生まれました。イザナギは妻との性交なしに独力で神を産み出した創造神でもあるのです。

イザナギは、禊ぎの最後に生まれた強力な神々を「三貴子」と呼び、それぞれに重要な役目を与えます。ここからの日本神話の物語は、三貴子の「アマテラス」「スサノオ」を中心に展開していきます。

アマテラスは
高天原を治めよ
ツクヨミは
夜の国を治めよ
スサノオは
海原を治めよ
イザナギが三貴子に与えた役割

なぜそうなるのか理由はワシもわからないが、世界の神話では、兄弟のうち末の子供がもっとも偉大な人物になることが多いらしいの。初代天皇の神武天皇も、4 人兄弟の末っ子だったと聞いておるぞ。

『日本書紀』では?

『日本書紀』の本文では、イザナギが黄泉国に下る物語がまったく存在せず、イザナギとイザナミの夫婦が三貴子を産んでいます。これは『古事記』と『日本書紀』の違いのなかでも特に大きなものです。『古事記』と同様の黄泉国の物語は、あくまで「別伝」のひとつとして語られています。

日本神話ダイジェスト②
スサノオの旅

日本神話ふたつめの見どころは、我が弟、スサノオの冒険の旅だ。何があったかは知らんが、それまではただの暴れん坊に過ぎなかったスサノオが、突然英雄のように振る舞いはじめるのだ。

ここまでのあらすじ！

創造神イザナギの最後の子供「三貴子」として生まれたスサノオは、
イザナギから「海原を支配せよ」と命じられますが、
死んだ母親に会いたいから嫌だとわがままを言い、命令を拒否します。
スサノオは母親が待つ死者の国に行く前に、姉のアマテラスに挨拶をしに行きます。
姉との「誓約」によって、邪悪な意図がないことを証明したスサノオですが、
天性の暴れん坊である彼は、ここでもトラブルを引き起こしてしまうのです。

この神話の主人公！

スサノオ

記：建速須佐之男命、須佐乃袁尊
紀：素戔男尊、素戔嗚尊

イザナギが黄泉の国の汚れを洗い清めるために禊《みそぎ》を行うと、スサノオがイザナギの鼻から生まれました。イザナギが産んだ子のなかでもっとも尊い「三貴子」の末の弟だとされています。『古事記』では名前の前に“建速”という名がついていますが、建と速はどちらも「スサノオが偉大な神であること」を表現するためのおきまりの表現です。また、スサノオの“スサ”は、現代では荒《すさ》ぶ、凄《すさ》まじいという言葉にも残っているように、荒々しさ、猛々しさを意味しています。つまりスサノオは、日本神話を代表する、荒ぶる神なのです。

もともとスサノオという神は、出雲地方（現在の島根県）の民族が信仰していた祖先神ではないかと考えられています。天皇家と朝廷が出雲地方の豪族を攻め、降伏させた後、その神を「主神アマテラスの弟にして部下」という地位に置くことで、出雲の民族の信仰を認めつつ、朝廷と出雲の上下関係を明確にしたという説です。高天原の追放までは悪役の暴れん坊として描かれていたスサノオが、それ以降の神話では英雄的な神として描かれているのは、高天原での行いが両者の力関係を示すための朝廷の創作であり、後半の神話は出雲の民族が持っていた本来のスサノオ伝説ではないか、というわけです。

スサノオの高天原追放

「誓約《うけい》」によって高天原入りを認められた（➡p67）スサノオですが、誓約の達成に増長した彼は、以下のような狼藉を繰り返して高天原を大混乱に陥れます。結果スサノオは高天原から追放され、葦原中国に降ることになりました。

スサノオが行った狼藉の数々

皮をはいだ馬を投げ込む

神聖な布を織る建物に、皮をはいだ馬を投げ込み、驚いた女神が命を落としています（➡p68）。

田んぼを破壊する

田んぼの“あぜ”を壊して水を流し出し、水路を埋めてるなど、徹底的に水田を破壊してしまいました。

神殿を汚す

神々にとって重要な儀式が行われる神殿に大便をして、神殿の神聖性を穢してしまいました。

スサノオのオロチ退治

高天原を追放されたスサノオは出雲地方に降り立つと、巨大な怪物「ヤマタノオロチ」に苦しめられているクシナダヒメ（➡p78）に出会い、策略を使ってこれを退治します。このときオロチの尻尾から立派な剣が出てきたため、この剣をアマテラスに献上しました。これが現在も日本の国宝として知られる「三種の神器」のひとつ、天叢雲剣《あめのむらくものつるぎ》です。

オロチを退治したスサノオは、助けた姫を自分の妻とし、以後は葦原中国を離れて死者の国である「根の国」で過ごしたとされています。

ヤマタノオロチは川だった!?

ヤマタノオロチは出雲国の暴れ川、斐伊川を怪物化した存在である可能性があります。

『日本書紀』では？

スサノオの神話について、『古事記』と『日本書紀』での最大の違いは、このあとの神話で活躍するオオクニヌシという神です。『日本書紀』ではオオクニヌシはスサノオとクシナダヒメの息子だと書いていますが、『古事記』の記述ではオオクニヌシはスサノオの「数世代後の子孫」と、血縁関係が大きく違っています。

日本神話ダイジェスト③ オオクニヌシの国作り

3つめに紹介するエピソードは、前のページで生まれたオオクニヌシ君たちが主人公！ 貧しいなら豊かにすればいいじゃない、とばかりに、葦原中国を豊かな国にするための、列島改造計画はじまりはじまり！

ここまでのあらすじ！

スサノオが高天原を追放されたあとの時代。葦原中国には、
スサノオの子孫をはじめとする多くの「国津神」が栄えていました。
主人公のオオクニヌシは国津神の末弟でしたが、
兄たちは国の統治を弟に押しつけ、
美しい「ヤガミヒメ」への求婚活動に夢中になっています。
ヤガミヒメは誰を夫に選ぶのでしょうか。そして葦原中国はどうなるのでしょうか？

この神話の主人公！

オオクニヌシ

記：大国主神
紀：大己貴命（おおなむちのみこと）

『古事記』によれば、この神はスサノオの7代後の子孫ですが、『日本書紀』の本文や別伝では、スサノオの直接の息子とする資料が多くなっています。どちらにしても彼は、スサノオの直系の子孫であり、この国を支配する正当性を持つ神です。

オオクニヌシという名前は、大国を治める帝王という意味で、『古事記』でよく使われる名前です。『日本書紀』では「有名で功績の多い神」を意味する「オオナムチ」で呼ばれます。彼は特に多くの異名を持つ神として知られ、優れた武勇を意味する「ヤチホコ」や「アシハラシコオ」、国の守護神という意味を持つ「ウツシクニタマ」、さらには190ページで紹介する「オオモノヌシ」という名前もあります。

オオクニヌシは妻や神々と協力して、葦原中国を豊かに育てましたが、アマテラスとの交渉に敗れて国土の支配権を譲り渡し、出身地である出雲国（現在の島根県）に作らせた巨大な神殿「出雲大社」で余生を過ごしたといいます。

現在では、オオクニヌシは出雲地方の有力豪族の祖先神だったと考えられています。出雲の豪族が天皇家に降伏したとき、朝廷は出雲の主神であるオオクニヌシが、朝廷の主神であるアマテラスの子孫に日本の支配権を譲る「国譲り神話」を広めることで、朝廷の支配の正当性を主張しようとしたのです。

兄弟を倒して政権安定

オオクニヌシの国作りの、最大の障害となったのは兄弟の八十神だ。
兄弟に何度も殺害されて、そのたびに復活するというのは、なかなかに独創的な神話といえるだろうな。

「因幡の白兎」の神話（➡p98）で、八十神が妻にと求めるヤガミヒメは、残忍な八十神ではなく優しいオオクニヌシを夫に選びました。これに怒った八十神は、卑怯な手口でオオクニヌシを殺害しますが、そのたびに周囲の助力でよみがえります（➡p94）。

オオクニヌシは根の国に向かい、祖先であるスサノオから太刀と弓矢を譲り受ける（➡p100）と、これで八十神を撃退して追放。こうして彼は名実ともに地上の支配者となりました。

八十神とは?

八十神とはたくさんの神という意味で、実際に 80 人というわけではないんだそうです。それで実際は、80 人より多いんでしょうか、少ないんでしょうか？ウーン。

3人チームで国作り

自分を敵視する兄たちを追放したオオクニヌシは「国作り」の事業にとりかかります。

国作りの序盤のパートナーとなったのは、スクナビコナ（➡p190）という小さな神でした。スクナビコナが海の彼方にある「常世国《とこよのくに》」に旅立つと、次はオオクニヌシ自身の分身であるオオモノヌシ（➡p190）が事業の相棒になりました。

彼らは全国を巡りながら、国土を作り替え、人々にさまざまな技術を教えたのです。

国作りの中心になった3神

スクナビコナ	オオクニヌシ	オオモノヌシ
小柄な技術と医療の神	農業、商業が得意な国作りのリーダー	オオクニヌシの魂の一部が個性を持った神

オオモノヌシ様の正体って、オオクニヌシ様の魂の一部みたいなものなんだそーですよ。……あれ、ということは、オオモノヌシ様は、自分で自分の手助けをしたってことになるのかな……？

『日本書紀』では?

オオクニヌシの国作りの神話は、またの名を「出雲神話」と呼ばれています。『日本書紀』の本文には、この出雲神話に相当する神話が、まったく紹介されていないのです。オオクニヌシとそのパートナーの国作りについては、別伝のひとつで触れられている程度です。

日本神話ダイジェスト④
国譲り

はーい、みんな～？　次のエピソードは「国譲り」だよ～！
国譲りというのは、オオクニヌシ君たちが統治している葦原中国を、お姉さんたち天津神の子孫に譲りますっていう意味ね。

ここまでのあらすじ！

オオクニヌシたち国津神の努力で、豊かになった葦原中国。
これに目をつけたのが高天原の主神、アマテラスでした。
「この豊かな葦原中国を治めるのは、私の子孫こそがふさわしい！」
そこでアマテラスは、国津神から葦原中国の統治権を譲り受け
天津神のものにするための交渉人を送り込んだのです。

この神話の主人公！

タケミカヅチ

記：建御雷之男神
紀：武甕槌、武甕雷男神

タケミカヅチは日本を代表する雷の神にして武の神です。別名をタケフツ、トヨフツといい、フツは刃物で何かを切るときの擬音語であることから、剣の神でもあるとされています。イザナギとイザナミの神産み神話でイザナギがヒノカグツチを斬り殺したときに、剣についた血液から生まれた神の１柱です。

日本神話のなかで、タケミカヅチは武勇の神として派手な活躍を見せます。ここで紹介する国譲り神話では、武力を背景に強引な交渉を行って国譲りをまとめあげました。のちの「神武東征」（➡p178）の神話では、地元の豪族に自分の剣「フツノミタマ」を与えて助勢させました。これらの神話から、タケミカヅチは江戸時代に盛んになった剣術の神として広く信仰され、武士の守護神として全国の鹿島神社、春日神社でおもな祭神となっています。

タケミカヅチの信仰のなかで独特なのは、この神が地震を治める神だということです。日本では古くから、地下にいる巨大なナマズが身を振るわせることで地震が起きると考えられてきました。全国の鹿島神社の総本宮である茨城県の鹿島神宮には「要《かなめ》石《いし》」という神聖な石があり、タケミカヅチはこれをナマズの上に乗せて押さえつけることで地震を防いでいるというのです。

なかなか成功しない国譲り

はじめ「国譲り」の交渉は、なかなかうまくいきませんでした。アマテラスが送り込んだ交渉人は、偉大な支配者であるオオクニヌシとの交渉に勝てず、逆にその部下のようになってしまったのです。

2番目に送り込まれたアメノワカヒコにいたっては、オオクニヌシの娘を妻として与えられ、その後継者として振る舞うありさまでした。地上の支配者である国津神は、言葉だけで葦原中国を手放すほど甘い相手ではなかったのです。

交渉に失敗した2名の天孫

アメノオシホミミ
オオクニヌシに屈し、3年間まったく報告しなかった

アメノワカヒコ
説得どころかオオクニヌシの娘と結婚し、状況確認に来た高天原からの使者を射殺してしまった

“切り札”タケミカヅチの登場!

交渉の不調に業を煮やしたアマテラスが3番目に送り込んだのは、天津神きっての武闘派、タケミカヅチでした。

タケミカヅチの交渉戦略は、天津神がいかに強く、実力のある神なのかを見せつけることで、国津神の抵抗の意志を奪うというものです。彼は葦原中国に降り立つと、海の上に“切っ先を上に向けた剣”を突き刺し、その上にあぐらをかいて国津神と交渉を行います。タケミカヅチは力比べを望む神や、刃向かう神を倒して、結論を渋るオオクニヌシを屈服させました。天津神は代価として巨大な神社「出雲大社」をオオクニヌシに与え、葦原中国の支配権を手に入れたのです。

タケミカヅチの交渉術

ひいいい! 剣の上にあぐらかいてる!? そんなことしたら、お尻に穴が開いちゃうよ!

『日本書紀』では?

『古事記』では、威圧的な交渉や力比べという、比較的平和な手段で交渉を成功させたタケミカヅチですが、『日本書紀』では、タケミカヅチは交渉の結果を受け入れなかった国津神を、徹底的に討伐したと書かれています。『日本書紀』での国譲りは天津神による侵略戦争だったといえます。

日本神話ダイジェスト⑤
神武東征

国譲りの交渉に成功したアマテラスは、さっそく九州に子孫を送り込んだのだが、その子孫たちはしばらくのあいだ九州で過ごしておった。だがそれからそれから100万年ほどのち、いよいよ九州の外に出るときが来たのだよ。

ここまでのあらすじ！

「国譲り」で葦原中国の支配権を手に入れ、
日本の西端、九州に自分の子孫を送り込んだ（➡p110）アマテラス。
九州で力をたくわえた「天孫」は、
いよいよ本格的な日本統一に乗り出します。
主人公は、アマテラスのひ孫の孫である「カムヤマトイワレビコ」。
のちに「神武天皇」を名乗ることになる英雄の大遠征がはじまります！

この神話の主人公！

神武天皇

記：神倭伊波礼琵古命
紀：神日本磐余彦尊

本名はカムヤマトイワレビコ。葦原中国の支配者として地上に降りた天津神「ニニギ」のひ孫であり、のちの初代天皇となる人物です。最高神アマテラスからは孫の孫という血縁関係で、意外に血筋が近いことに驚かされます。

神武天皇はすぐれた軍事指揮官であり、九州から発した軍勢を引きつれて何年もかけて近畿地方に到着し、苦闘のすえに敵を倒して、日本の中心部、近畿地方を手に入れました。それまでは日本の最西端で力をたくわえていた天孫たちでしたが、イワレビコが近畿地方を得たことで名実ともに日本の支配者となったのです。神武天皇は即位して76年後に亡くなり、その統治は次代の天皇に受け継がれていきます。

日本神話でもっとも重要な神の1柱である神武天皇は、もちろん神道でも国家安泰の重要な神として信仰されています。その信仰の中心となっているのは、天皇として即位した奈良県橿原《かしはら》の地にある橿原神宮と、天孫として前半生を過ごした日向国（現在の宮崎県）にある宮崎神宮です。

ちなみに、現代日本では2月11日は建国記念日として祝日になっています。これは約2600年前、神武天皇が橿原宮で天皇に即位したのが新暦に直すと2月11日だからです。日本のなにげない日常にも、神話は影響を与えているのです。

神武天皇の征服の旅

九州を出発したカムヤマトイワレビコ君が、どんなルートで奈良にたどりついたのかを地図にまとめてみたよ。和歌山から山越えで奈良入りって、けっこう大変なルートを選んでるのね……。

神武天皇征服MAP

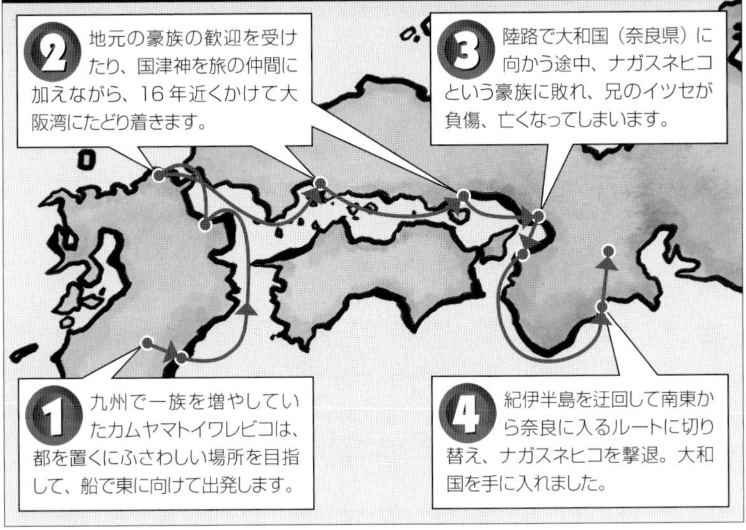

2 地元の豪族の歓迎を受けたり、国津神を旅の仲間に加えながら、16年近くかけて大阪湾にたどり着きます。
3 陸路で大和国（奈良県）に向かう途中、ナガスネヒコという豪族に敗れ、兄のイツセが負傷、亡くなってしまいます。
1 九州で一族を増やしていたカムヤマトイワレビコは、都を置くにふさわしい場所を目指して、船で東に向けて出発します。
4 紀伊半島を迂回して南東から奈良に入るルートに切り替え、ナガスネヒコを撃退。大和国を手に入れました。

東征の最大の障害となったのは、大和地方（奈良県）の豪族、ナガスネヒコ（➡p192）の軍勢です。当初は大阪から大和を目指しますが戦いに敗れます。負傷した兄イツセの「我々は太陽神の子供だから、太陽に向かって攻めるのはよくない。太陽を背負って戦おう」という意見を取り入れ、紀伊国（和歌山県）経由で侵攻します。ヤタガラス（➡p191）というカラスに導かれた一行は、こんどはナガスネヒコに勝利し、ナガスネヒコの主人だった天津神ニギハヤヒ（➡p192）を降伏させます。こうしてカムヤマトイワレビコは、晴れて「天皇」として即位したのです。

『日本書紀』では?

『古事記』では16年近くかかった東征の旅ですが、『日本書紀』では、道中で船を下り、陸地に滞在していた期間が大幅に短縮。そのため、出発から6年後に大阪湾に到着したことになっています。また、最大の障害だったナガスネヒコのその後について『古事記』は語っていませんが、『日本書紀』では、主人であるニギハヤヒ（➡p192）に殺害されたと説明されています。

日本神話ダイジェスト⑥ ヤマトタケルの冒険

カラーページでは「神武東征」の神話までしか紹介していなかったけど、ここでは神武天皇即位後のできごとも紹介しようと思うの。まずはこの子、神器を持ったワンマンアーミー、ヤマトタケル君ね！

ここまでのあらすじ！

神武天皇の即位から約700年後。12代天皇「景行天皇」の子供に、
日本の歴史、伝説上最大の英雄があらわれます。
人呼んで「ヤマトタケル」！
少女と見間違えるほどの美貌、すぐれた武勇に深い知恵。
父に嫌われ、無理な命令を押しつけられつつも、
ヤマトタケルはけなげに使命に立ち向かうのです。

この神話の主人公！

ヤマトタケル

記:倭建命（やまとたけるのみこと）、小碓命（おうすのみこと）
紀:日本武尊（やまとたけるのみこと）、小碓尊（おうすのみこと）

ヤマトタケルは、12代景行天皇の次男です。この名前は成年後、冒険の旅のなかでつけられたもので、本名はオウス（小碓命）といいます。ちなみに兄の名前はオオウスといいました。

オウスと天皇の仲は冷め切ったもので、その原因はささいですが重大な行き違いによるものでした。あるとき兄オオウスは、景行天皇が目をつけた姉妹の美女を朝廷に連れてくる命令を受けます。ところがオオウスはこの美女に一目惚れして自分のものにしてしまいました（➡p148）。景行天皇はオウスに、兄オオウスを“言い聞かせて”自分の前に連れてくるよう命令しました。ところがオウスは兄に言い聞かせるどころか、オオウスを待ち伏せし、素手で殺してしまったのです。オウスの激しい気性を恐れた天皇は、彼を都から遠ざけるべく、無茶な遠征の命令を下すのです。

ヤマトタケルは素手で人間の手足をもぐ剛力の持ち主でありながら、女性の服を着れば美少女にしか見えないという美貌の持ち主でした。彼は父の冷たい仕打ちに涙しながら、西へ東へと戦いの旅を続けるのです。日本全国を旅したヤマトタケルは、各地にゆかりの神社を多く持っており、その地でヤマトタケルがどんな冒険をしたのか、その逸話を現在まで語り継いでいます。

西へ東へ、たったひとりの征服行

ひとりで敵地に乗り込んで、豪族を倒し、怪物を倒し、罠にはめようとする有力者を倒し……いくらなんでも無理をしすぎではないでしょうか……。

西征：ヤマトタケルを襲名

12 代天皇の次男であるオウス皇子は、天皇の支配を受け入れない九州の豪族「クマソタケル（➡p193）」兄弟を、たったひとりで征伐するよう命じられます。

天皇は、この無茶な命令でオウスが死ぬことを期待しましたが、オウスは「女装して宴会にもぐり込み、相手を酔わせて暗殺」という作戦でクマソ兄弟を討ち取り、生還します。ヤマトタケルという名前は、このときクマソタケルの弟からもらった異名です。

東征：旅を支える3人の女性

帰国した疲労を癒す間もなく、天皇から次の命令が下ります。次は東国（関東地方）に向かい、神々や、天皇に従わない多くの者を平定してこいというのです。

ヤマトタケルは、のちに「三種の神器」となる剣「天叢雲剣《あめのむらくものつるぎ》」を叔母から授かり、東国平定に乗り出します。草原にいるときに火を放たれ、この剣で草をなぎ払って難を逃れたため「草薙剣《くさなぎのつるぎ》」の異名が生まれたという有名な物語も、この東国征伐の一幕です。

関東地方を平定して尾張国（愛知県）まで戻ってきたヤマトタケルですが、琵琶湖の東にある伊吹山で山の神をあなどって怒らせてしまい、大粒の雹を浴びせられて重傷を負います。結局ヤマトタケルは都に帰ることはできず、伊勢国（三重県）北部の能煩野《のぼの》で亡くなりました。その魂は白鳥になって飛んでいったと伝えられています。

東征伝説を語る上で無視できないのが、３人の女性です。天叢雲剣を与えた叔母のヤマトヒメ（➡p152）、尾張国で彼の帰還を祈ったミヤズヒメ（➡p151）、ヤマトタケルの道を切り開くため海に身を投げたオトタチバナヒメ（➡p149）らの献身がなければ、彼の冒険はもっと早く失敗したでしょう。

『日本書紀』では？

『日本書紀』での最大の違いは、ヤマトタケルと父親の関係が良好なことです。兄のオオウスは死んでおらず、天皇はヤマトタケルに大きな期待を寄せており、ヤマトタケルが東征に「自主的に立候補」したときには帰国時の皇位継承を約束しています。『日本書紀』は天皇賛美の立場で書かれているため、『古事記』に収録されているような、天皇が悪役として描かれることもある本来の物語を『日本書紀』の編纂者が改編したものと思われます。

日本神話ダイジェスト⑦
神功皇后の新羅征討

日本の女性指導者といえば「卑弥呼」をイメージする人が多いと思うけど、この神功皇后って子もすごいんだよ。自分自身は天皇にならないまま、天皇不在の朝廷を数十年にわたってきりもりし続けたんだから！

ここまでのあらすじ！

ヤマトタケルの息子である、14代目天皇、仲哀天皇の御代のこと。
天皇に神が降り、天皇に朝鮮半島の国、新羅を与える
というお告げが降りました。
天皇はこのお告げを信じず神を非難し、神の怒りを買って急死してしまいます。
あとに残されたのは、妊娠中の皇后、神功皇后でした。
皇后は神の怒りを鎮めるため、女指揮官として朝鮮半島に乗り込むのです。

この神話の主人公！

神功皇后

記：息長帯比売命（おきながたらしひめのみこと）
紀：気長足姫尊

神功皇后は、本名をオキナガタラシヒメといい、9代天皇、開化天皇の子孫にあたります。彼女は美しい女性であると同時に、巫女としての才能を持っていました。

巫女とは、儀式によってその身に神を降ろすことができる女性のことです。伝説の邪馬台国の女王、卑弥呼も、神功皇后と同じように巫女の才能を持っていたといいます。神功皇后が生きた時代と、中国の歴史書が「日本に卑弥呼という女王がいる」と記録した時代はかなり近く、また『日本書紀』に卑弥呼を紹介した『魏志倭人伝』の記述が引用されていることから、日本神話の研究者のなかには、少数派ではありますが「神功皇后こそ卑弥呼だったのではないか」という説も提示されています。

新羅への遠征のあいだ、皇后は仲哀天皇の子供を妊娠したまま出産せずにいました。帰国して皇子を産んだ神功皇后は、以降69年間にわたって摂政として皇子を補佐し、反乱が起きればこれを討伐するという縦横無尽の活躍で、夫亡きあとの天皇家を守り続けました。

皇后は天皇の位に立つことはありませんでしたが、『日本書紀』は皇后の記録をほかの天皇と独立させ、天皇と同格の存在として扱っています。我が国の正史である『日本書紀』が、天皇と同格の偉大な人物として認めた女性、それが神功皇后なのです。

朝鮮半島へ出兵する

神功皇后の新羅征討は、日本の朝廷にとって初の海外遠征であった。この遠征がうまくいくかどうかは、戦闘よりもむしろ、兵士を乗せた船が、無事に朝鮮半島にたどりつけるかどうかにかかっておる。

朝鮮半島にたどりついた神功皇后。1880年、浮世絵師、月岡芳年の作品。

　神功皇后の艦隊は、天皇に神託を下した「住吉三神《すみよしさんしん》」（➡p189）へ捧げる儀式を行いながら出発します。すると津波のような大波があらわれ、海中の魚が集まって皇后の艦隊を持ち上げると、一気に海を越えて朝鮮半島まで到着したといいます。

　半島の大国「新羅《しらぎ》」はこれに恐れをなし、戦わず降伏。朝廷に貢ぎ物を送る契約を結びます。神功皇后は新羅の門に杖を突き立てて属国の証として帰国。以降、住吉三神は国の守護神として祀られました。

神功皇后はなぜ3年も出産しなかったのか？

　新羅遠征に出発するとき、神功皇后は、亡き仲哀天皇の子供を妊娠していました。しかし、皇后は新羅への遠征をしていた３年間、皇子を出産することなく長い航海を耐え抜きました。普通なら十月十日で行われる出産を、３年間も我慢できたのはなぜなのでしょうか？

　その秘密は「月延石」と呼ばれる特別な石だったといわれています。神功皇后は産気づくと、この石を自分の腹に当ててその上からさらしを巻き、おなかを冷やすことで出産を遅らせたというのです。陣痛の苦しみは、苦痛のあまり障子の桟《さん》が見えなくなるほどだとよく言われます。それを我慢し続けて船上に立ち続けた神功皇后は、神話のみならず日本の歴史上でも屈指の女傑と呼ぶべき人物です。

お、おなかを冷やして出産を遅らせたって……それどう考えても健康に悪いよ～！
神様の命令が出てるからしょうがないけど、あんまり無茶しないほうがいいって……。

『日本書紀』では？

　『古事記』では神の怒りによって即座に命を落とした仲哀天皇ですが、『日本書紀』では、天皇は神のお告げを無視して半年間九州の豪族と戦い、弓矢を受けて戦死したことになっています。また、最初の神託が下った状況も違い、『古事記』では天皇、皇后、重臣ひとりの前で神託が下りましたが、『日本書紀』では多くの家臣が見る前で神託が下っています。

日本神話の系図

別天神《ことあまつかみ》
（➡p20）
神世七代《かみよななよ》
（➡p21）
イザナギ
（➡p170）
イザナミ
（➡p26）
土と水の神
ハニヤスビメなど
（➡p46〜52）
スサノオ
（➡p172）
ツクヨミ
（➡p188）
アマテラス
（➡p58、180）
家屋と自然の神
イワスヒメなど
（➡p36〜42）
日本の国土神
エヒメなど
（➡p31、34）
スセリビメ
（➡p100）
7代後の子孫
オオクニヌシ
（➡p174）
アメノオシホミミ
（➡p189）
ヨロズハタ
トヨアキツシヒメ
（➡p112）
ヒノカグツチ
（➡p187）
タケミカヅチ
（➡p176）
：夫婦関係
：血縁関係

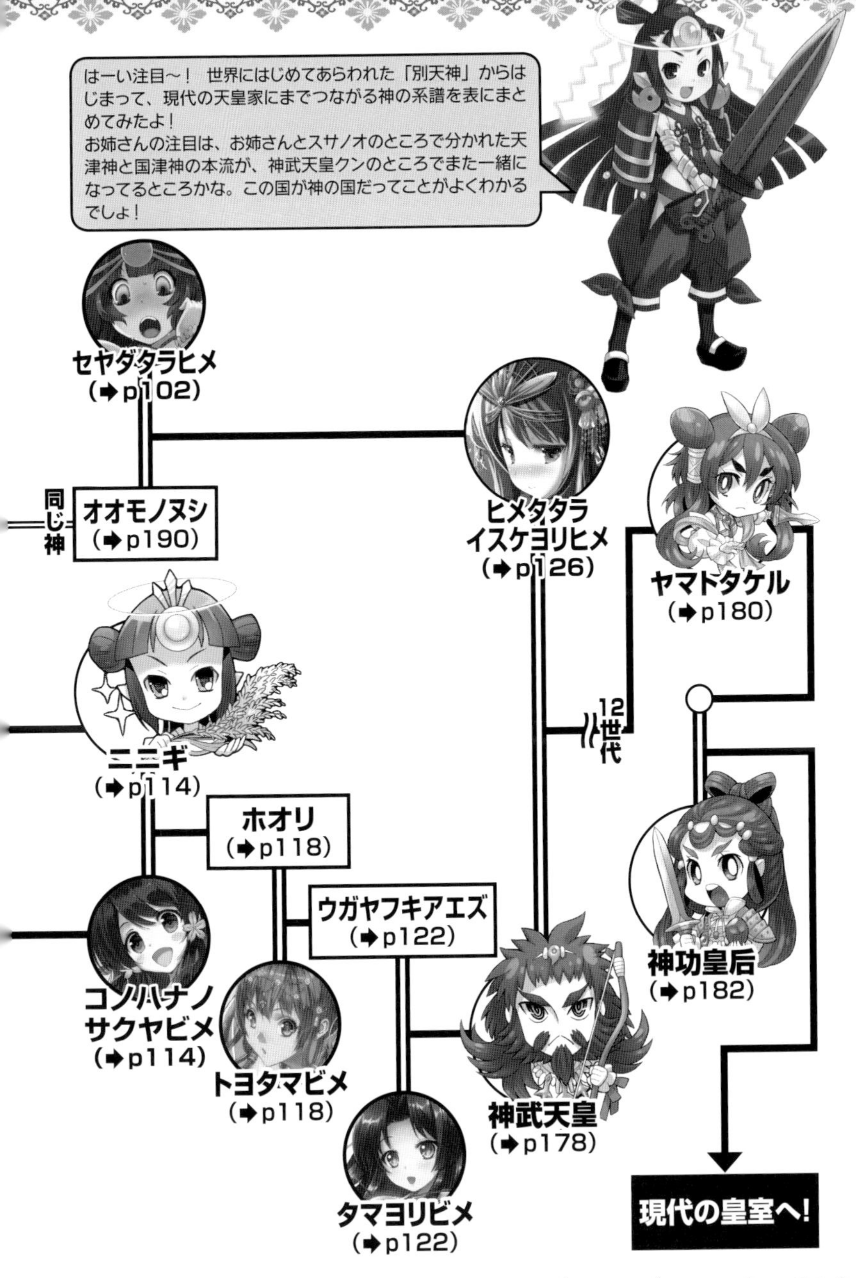

はーい注目～！　世界にはじめてあらわれた「別天神」からはじまって、現代の天皇家にまでつながる神の系譜を表にまとめてみたよ！
お姉さんの注目は、お姉さんとスサノオのところで分かれた天津神と国津神の本流が、神武天皇クンのところでまた一緒になってるところかな。この国が神の国だってことがよくわかるでしょ！
セヤダタラヒメ
(➡p102)
同じ神
オオモノヌシ
(➡p190)
ヒメタタラ
イスケヨリヒメ
(➡p126)
ヤマトタケル
(➡p180)
12世代
ニニギ
(➡p114)
ホオリ
(➡p118)
ウガヤフキアエズ
(➡p122)
コノハナノ
サクヤビメ
(➡p114)
トヨタマビメ
(➡p118)
タマヨリビメ
(➡p122)
神武天皇
(➡p178)
神功皇后
(➡p182)
現代の皇室へ!

日本神話の男神小事典

さて、ここまでの内容は日本神話の「女神」に注目して解説してきたが、日本の神話を語るうえでは男の神も知らなければいかん。神武天皇即位後の神話も含め、各時代の代表的神々を、時代順に並べて紹介しようではないか。

データ欄の読み方
男神小事典のデータ欄には以下のような意味があります。

タカミムスヒ
記：高御産巣日神／紀：高皇産霊尊　別名：高御魂命、高木神
登場年代：天地開闢

神名： 神の名前です

漢字表記：『古事記』／『日本書紀』での代表的な漢字表記です。別名がある場合は別名も表記します。

登場年代： 神がおもに活躍する時期を、168～169ページの表記を基準に記載します。

タカミムスヒ

記：高御産巣日神／紀：高皇産霊尊　別名：高御魂命、高木神
登場年代：天地開闢

世界の始まりに出現したふたりめの造化の三神。『古事記』にはひとりで生まれ、身を隠したと書かれているが、その後もアマテラスとともに、高天原の実質的なリーダーとして君臨。神々の会議を開き、国譲り交渉の使者やニニギに随伴する神々を選び、高天原を裏切ったアメノワカヒコを返し矢で殺し、神武東征を助けるためにヤタガラスを送り込むなど、要所要所で活躍する。

タカミムスヒはニニギの母ヨロズハタトヨアキツシヒメ（➡p112）の父で、皇祖（天皇の祖先）と呼ばれる。後世では名前にあるムスヒが縁結びに通じると見なされ、広く信仰された。

オオヤマツミ

記：大山津見神／紀：大山祇神、大山積神
登場年代：神産み

オオヤマツミとは、大いなる山の神霊という意味で、日本神話における山神の頭目。山の守護神、鉱山の神として信仰されている。

『古事記』ではイザナギとイザナミの国産みのとき、6柱の家の神（➡p36）の次に生まれた。『日本書紀』では別伝だけで出生が語られ、イザナギが斬ったカグツチの遺体から生まれている。

オオヤマツミには子供が多い。スサノオがヤマタノオロチから救ったクシナダヒメの父アシナヅチはオオヤマツミの子である。また、ニニギが妻に求めた絶世の美女、コノハナノサクヤビメと、その醜い姉イワナガヒメも彼の娘である。

ヒルコ

記：水蛭子神／紀：蛭児
登場年代：国産み

ヒルコは、イザナギとイザナミの夫婦から生まれた最初の子供だが、公式には子供だとは認められていない。なぜならヒルコは「不具《ふぐ》の子供」だったからだ。この神のヒルコという名前には、「蛭《ヒル》」というナメクジのような生物と同様、全身に骨のない肉の塊のような存在だという意味が込められているという解釈が一般的である。

ヒルコが不完全な子供として生まれたのは、求婚の手順が間違っていることが原因だった。イザナギとイザナミは国産みにあたり、それぞれ天御柱という柱をぐるりと周り、求婚の言葉を相手に贈ってから子作りをした。だがこのとき女性であるイザナミから先に求婚の言葉を口にしたため、結婚が正しく成立せず、ヒルコという不完全な子供が生まれてしまったのだ。

他の神からこの間違いを教えてもらったイザナギたちは、こんどは男性のイザナギから求婚し、みごとに日本列島を産むことに成功している。

イザナギとイザナミは、不完全なヒルコを、葦の茎で作った船に乗せて海に流してしまった。日本にはヒルコが流れついた場所と称する地方がたくさんある。もっとも有名なのが兵庫県西宮で、漂着物を神とあがめる「えびす信仰」と結びついたヒルコは、現在では七福神のひとり「恵比寿神」として信仰されている。

ヒノカグツチ

記：火之夜藝速男神（ひのやぎはやおのかみ）、火之炫毘古神（ひのかがびこのかみ）、火之迦具土神／紀：軻遇突智（かぐつち）、火産霊（ほむすび）
登場年代：神産み

イザナミはイザナギとの性交により次々と神を産むなかで、最後に産んだ火の神のせいで性器に深刻な火傷を負い、命を落としてしまう。このとき産まれた火の神がヒノカグツチだ。『古事記』では、この神の３種類の呼び名が紹介されているが、その意味はそれぞれ、物を焼く火力（火之夜藝速男神）、火の輝き（火之炫毘古神）、焼ける匂い（火之迦具土神）をあらわしたもので、いずれも火がもたらす現象を名前にしているという共通点がある。

愛する妻を殺されたことに怒ったイザナギは、天之尾羽張《あめのおはばり》という剣でヒノカグツチの首を切り落として殺してしまった。このとき、イザナギの剣についたヒノカグツチの血液から、３柱の剣の神、３柱の武勇の神、２柱の水の神が生まれ、死体からは８柱の山の神が生まれている。のちに天孫降臨の神話で活躍するタケミカヅチ（➡p176）は、彼の血液から生まれた雷と武勇の神である。

不幸にも母を死に追いやり、父に殺されてしまったヒノカグツチだが、現在では、防火や鍛冶の神として全国で信仰されている。なかでも京都に本社を置く愛宕神社や静岡に本社を置く秋葉神社がヒノカグツチを祀る神社として有名で、そのためヒノカグツチは「愛宕明神」「秋葉明神」と呼ばれることもある。

ツクヨミ

記：月読命／紀：月読尊、月弓尊（つきよみのみこと）
登場年代：神産み

ツクヨミは、アマテラス、スサノオと同時に生まれた「三貴子《みはしらのうずのみこ》」のひとりである。その名のとおり月に関係する神だが、「月読」とは月齢（三日月など、月の満ち欠けのこと）を数えるという意味であり、このことから農業や狩猟の神としても信仰されていた。古来より人々は、作物の種をまく時期、動物が狩り場に顔を出し始める時期などを、太陽ではなく月の満ち欠けによるカレンダーで把握していたからだ。

また、ツクヨミは海の神としても信仰されている。時間によって海水面の高さが上下動する「潮汐」という現象は、おもに月の引力によって発生しているため、日本人は月の神ツクヨミを海の神とも考えた。『古事記』で、イザナミによって「夜の国」を支配するよう命じられているツクヨミが、『日本書紀』では「青海原」を支配するよう命じられているのは、かつての日本人が月と海の関係を意識していたからなのだ。

最高神として崇拝されるアマテラス、地上の英雄として活躍するスサノオと比べて、ツクヨミが登場する神話の物語は非常に少ない。わずかに『日本書紀』の別伝に、ツクヨミがウケモチ（➡p44）という神を殺したためにアマテラスと絶交され、これにより昼と夜が分かれたという神話がある程度である。また、一般には男神とされているが「記紀神話」には性別が書かれていないなど、今もなお謎の残る神なのだ。

オモイカネ

記：思金神、常世思金神（とこよのおもいかねのかみ）／紀：思兼神
登場年代：高天原神話

知恵と学問の神。世界に最初に生まれた神々「別天神《ことあまつかみ》」のひとり「タカミムスヒ」の子供であり、名前の「オモイ」は人間の知恵を、「カネ」は兼ねるという意味がある。つまりオモイカネは、多くの人々が持つ知恵をひとつにまとめたような、幅広く深い知恵を持つ神なのだ。そのため神話では、オモイカネは高天原の神々にとっての参謀役として、その知謀をふるう場面が多く見られる。

例えばアマテラスが心労のあまり洞窟に隠れてしまった「岩戸隠れ」（➡p58）の神話で、引きこもるアマテラスを洞窟から引っ張り出すための作戦を考え、実行させたのはこのオモイカネである。のちにアマテラスが「葦原中国を自分の子孫に統治させたい」と考えたときも、オオクニヌシたちがすでに支配している葦原中国の支配権を円満に手放させるための作戦を練ったのはオモイカネだった。

これらの神話からか、オモイカネは現代でも知恵の神、ひいては学問の神として信仰されている。信仰する者には仕事の技術向上と、出世開運の御利益があるという。もちろん、学問の神らしく受験の成功をもたらす神でもある。

オモイカネを主な祭神として祀る神社はそれほど多くないが、埼玉県西部にある秩父神社、長野県にある戸隠神社などが有名である。

住吉三神(すみよしさんしん)

記：／上筒之男命（うわつつのお）、中筒之男命（なかつつのお）、下筒之男命（そこつつのお）、紀：表筒男命、中筒男命、底筒男命
登場年代：神産み

大阪の住吉に祀られる三人組の水神で、住吉の古名「墨江《すみのえ》」から住吉（すみのえ）三神ともいう。航海、商売、和歌の神であり、神功皇后の新羅征討（➡p182）では、皇后の海軍が無事朝鮮半島に往復できるよう海路を守護した。

神話ではイザナギが黄泉国から帰還したときの禊ぎで誕生した。まず、水底に潜って身をすすいだときに生まれたのがソコツツノオで、水中で生じたのがナカツツノオ、水面に生じたのがウワツツノオである。3柱の名前にあるツツとは、航海の目印になるオリオン座の三ツ星だとも、帆柱の基部にあり、船霊（ふなだま）を納める筒を指すとも言われる。

アメノマヒトツ

記：登場せず／紀：天目一箇神　別名：天津麻羅（あまつまら）
登場年代：国譲り

アメノマヒトツは、鍛冶の神として国内の鍛冶師の信仰を集めてきた神である。彼は片眼の男神で、『日本書紀』では、イシコリドメ（➡p72）とともに、アマテラスをだますための鏡の制作にたずさわっている。また、のちには国譲りを受け入れたオオクニヌシのために、金属製の祭器を作る役目も与えられた。

アメノマヒトツの別名は「目占（まうら)」といい、この神が片眼であることを示している。もともと製鉄や鍛冶とは、灼熱した金属を裸眼で見続ける仕事なので、職業病として片眼が不自由な者が多かった。これが神の特徴にも取り入れられているというわけだ。

アメノオシホミミ

記：正勝吾勝勝速日天之忍穂耳命（まさかつあかつかちはやひあめのおしほみみのみこと）／紀：正哉吾勝勝速日天忍穂耳尊
登場年代：高天原神話

アメノオシホミミは、アマテラスが、高天原にやってきたスサノオの真意を問う「誓約《うけい》」の儀式（➡p67）で生まれた、アマテラスの長男である。正式な名前は「正勝吾勝勝速日天之忍穂耳命」というもので、誓約をクリアして喜んだスサノオが「まさしく勝った、俺が勝った、ずばっと勝った」と言ったことに由来する。スサノオの剣をアマテラスがかみ砕いて産んだ神なので、スサノオの言葉が名前についているのだ。

天孫降臨の神話では、葦原中国に降る神に選ばれるが、下界の物騒さに怖じ気づいてしまい、任務を自分の息子に譲った。これが初代天孫、ニニギである。

タヂカラオ

記：天手力男神（あめのたぢからおのかみ）／紀：天手力雄神
登場年代：高天原神話

名前は手の力が強い天の神、という意味。アマテラスの岩戸隠れの神話（➡p70）において、彼女が岩戸の外での騒ぎが気になって、岩戸を一部開けて外の様子を見ようとしたとき、アマテラスの腕をつかんで外に引っ張り出すという、作戦の仕上げの部分を担当した。

タヂカラオを祀る長野県の戸隠神社の社伝では、このときタヂカラオが「またアマテラス様が岩戸に隠れられては大変だ」と考え、天岩戸を地上に投げ飛ばしたことになっている。戸隠神社はこのとき投げ飛ばされた岩戸をご神体とする神社で、ほかにも岩戸隠れで功績のあった諸神が祀られている。

スクナビコナ

記：少名毘古那神（すくなびこなのかみ）
紀：少彦名命（すくなびこなのみこと）
登場年代：国作り神話

高天原のアマテラスにオモイカネという参謀役がいたように、オオクニヌシにも国作りのパートナーがいた。彼の名前はスクナビコナ、童話『一寸法師』の原型にもなったといわれる小さな神である。彼は、世界のはじめにあらわれた「造化の三神」のカミムスヒまたはタカミムスヒの子供だとされ、本来の血統は天の神である天津神にあたる。しかしスクナビコナの体があまりに小さすぎるため、親の手からこぼれ落ちてしまい、葦原中国に落ちてそこで暮らしていた。

オオクニヌシは、かかしの神クエビコの助言でスクナビコナと出会うと、義兄弟のちぎりを交わして二人三脚で葦原中国の国作りを行った。スクナビコナは多くの特技を持つ神だが、なかでも医療、温泉、酒造りの神という特徴が知られている。

例えば愛媛県の名湯「道後温泉」は、オオクニヌシとスクナビコナが開いた温泉として有名である。現存しない『伊予国風土記』に書かれていたという神話によれば、ふたりが全国を旅する途中、伊予国（愛媛県）でスクナビコナが体調を崩してしまった。オオクニヌシは大分の別府温泉から海底水脈を伊予国までつなげ、スクナビコナの体を温泉で温めた。スクナビコナはすぐに元気を取り戻し、石の上で踊って喜んだという。このとき彼が踊ったという石は、「玉の石」の名前で現在も道後温泉に残っている。

オオモノヌシ

記：大物主大神／紀：三和之大物主神　別名：大物主櫛𤭖玉、三輪明神
登場年代：国作り

スクナビコナがいなくなったあと、オオクニヌシの国作りのパートナーとなった神。三輪山をご神体とする三輪山信仰の神として、現在も信仰されている。蛇神であり、酒造りの神などともされる。『古事記』では、オオクニヌシと関わりが深いが別の神とされる。一方『日本書紀』では、オオクニヌシが三輪山（奈良県桜井市の山）を見たときに出現した、オオクニヌシの分身的な存在である。

神話におけるオオモノヌシは、女神であるセヤダタラヒメ（➡p102）やイクタマヨリヒメ（➡p147）と、ほぼ強制的に交わって子供を産ませるなど、好色な神として描かれることが多い。

アマツミカボシ

記：登場せず／紀：天津甕星　別名：星神香香背男、天香香背男
登場年代：国譲り

大空に見える「星」の神。星々すべての神という見方もあるが、“金星”を神格化した存在であるとする説が有力だ。

アマツミカボシは天空の夜空にいる神だが、高天原の神々と敵対する「悪神」である。『日本書紀』によれば、この神は“天の国”にいて、ときおり怪しい光で神々を惑わしたという。

タケミカヅチ（➡p176）たちが葦原中国を平定する前に、まずこの邪神を誅したという。また『日本書紀』の別伝では、タケミカヅチと剣の神フツヌシが地上に降り、さまざまな悪神などを倒して服従させていったが、アマツミカボシは最後まで抵抗したとされる。

タケミナカタ

記：建御名方命／紀：登場せず　別名：諏訪大神
登場年代：国譲り

風や水と戦いの神。オオクニヌシの子供で、国譲りに反対してタケミカヅチと力比べをしたとき、両腕を引きちぎられて敗走。出雲国（島根県）から諏訪（長野県）まで逃げたところで降伏し、この地から出ないことを条件に赦された。

現在では妻のヤサカトメ（➡p152）とともに諏訪神社の主神となっている。諏訪神社は御柱（おんばしら）という巨木の柱を建てることで知られ、6年ごとに御柱に使う巨木を山から切り出し、人力で引いて斜面に投げ降ろし、神社まで運びこむ「御柱祭」で知られる。この祭はときに死者すら出る荒々しいものである。

アマノトリフネ

記：天鳥船、鳥之石楠船神（とりのいわくすふねのかみ）／紀：天鴿船（あまのはとふね）熊野諸手船（くまのもろてのふね）
登場年代：国譲り

神産みで生まれた船の神で、高天原と葦原中国を結ぶ。本来の名前はトリノイワクスフネといい、鳥は速さを、岩は堅牢さを、楠は材料を示す。本項では有名な別名アマノトリフネで紹介する。

『古事記』では、タケミカヅチと一緒に葦原中国に派遣され、オオクニヌシの息子コトシロヌシと交渉して国譲りを承諾させた。『日本書紀』では、同じ国譲りの場面で、熊野諸手船、またの名を天鴿船に使者を載せて派遣しており、船そのものの神だと思われる。

『日本書紀』の一書では『古事記』と違い、オオナムチ（オオクニヌシ）が海で遊ぶために建造されたことになっている。

サルタヒコ

記：猿田毘古神、猿田毘古男神／紀：猿田彦命
登場年代：天孫降臨

天孫降臨の道の途中で天孫を待っていた光り輝く神。鼻が長く、身長も七尺（2m強）と高く、目は鏡のように赤く輝くという恐ろしい外見である。天孫に随伴していた神は誰もこの神と目をあわせられなかったが、唯一アメノウズメ（➡p70）が意思疎通に成功し、天孫の道案内をしに来たことが明らかになった。サルタヒコは道案内のあと、伊勢国（現在の三重県）に住んだが、海で貝に手を挟まれて溺れ死に、以降海の神ともなっている。

なお、猿の文字から、猿の姿をした蹴鞠の神、精大明神と同一視され、転じて球技の守護神となっている。

ヤタガラス

記：八咫烏／紀：八咫烏
登場年代：神武東征

神武東征の手助けをした巨大なカラスの神。ナガスネヒコに敗れ、南に向かった神武天皇の前に多くの国津神が立ちはだかったため、タカミムスヒの命で派遣された。『日本書紀』ではアマテラスが派遣したことになっている。

3本足のカラスとして描かれることが多いが、これは中国神話に登場する神鳥「三足烏《さんそくう》」と混同されて生まれた外見で、少なくとも『古事記』『日本書紀』には3本足の記述はない。

ヤタガラスは、紀伊国南部の険しい山のなかで神武天皇の軍勢を吉野に導いたほか、地元の豪族兄弟に対する使者となり、弟のオトシキを降伏させている。

ナガスネヒコ

記：那賀須泥毘古
紀:長髄彦　別名:登美毘古（とみびこ）
登場年代：神武東征

ナガスネヒコは、九州から東征してきた神武天皇一行に激しく抵抗した豪族であり、国津神の一族の頭領である。ナガスネとは文字どおり脛が長いと書くが、これは朝廷の人々が、他部族を「手足が長い野蛮人」と呼んでさげすんだという説や、山野を駆ける足の速さを、手足の長さという形で表現したものだともいわれる。

大和国（現在の奈良県）登美の豪族であることからトミビコという異名も持つナガスネヒコは、東征において最大にして最後の敵だった。彼らは現在の大阪府南部にあたる河内国で神武一行を待ち受け、猛烈に矢を射かけて神武天皇の兄イツセに致命傷を負わせている。この戦いで、神武天皇は西から上陸し、東を向いて戦っていた。イツセは「我々は太陽の神の子なので、太陽に歯向かって戦うのは不吉だ。太陽を背にして戦おう」と伝え、しばらくあとに亡くなってしまった。

神武天皇は兄の遺言にしたがい、大和国のナガスネヒコを東から攻めるため、紀伊半島を大きく回り込んで南東の方角から大和国を目指した。しかし次の戦いでもナガスネヒコは強く、神武天皇は苦戦を強いられる。しかしそのとき、黄金色のトンビが神武天皇の弓に舞い降りて彼を救った。ナガスネヒコの兵士たちはあまりの輝きに逃げ出したという。

ニギハヤヒ

記：邇藝速日命／紀：櫛玉饒速日命
登場年代：神武東征

実は高天原から降臨していた天津神は、神武天皇の家系だけではなかった。神武東征の神話の最後に登場するニギハヤヒは、ナガスネヒコの主君であり、天津神の子孫「天孫」だったのだ。ナガスネヒコは、西から「天孫」を名乗ってやってきた神武天皇たちを偽物だと考え、自分の主君こそが天孫であると証明しようと戦ったのである。

ナガスネヒコを倒し、ニギハヤヒの存在を知った神武天皇は、おたがいに天孫である証拠「天津瑞（あまつしるし）」を見せあった。両者はおたがいに本物の天孫だと確認し、ニギハヤヒは神武天皇の家臣になったという。

キビツヒコ

記：大吉備津日子命／紀：吉備津彦命　登場年代：人代神話

第７代天皇、孝霊天皇の第３皇子。兄の孫である10代天皇崇神天皇は、日本各地の豪族を朝廷の支配下に組み込むため、東海道、北陸道、山陽道、丹波の４方面にそれぞれ「四道将軍」を派遣した。キビツヒコは山陽道を担当する将軍であり、現在の兵庫県、岡山県、広島県を通って山口県までを制圧した。なかでも製鉄技術を持つ岡山県（吉備国）を制圧した功績から、以降はキビツヒコと呼ばれることになった。

吉備津神社の伝説によれば、キビツヒコはこの遠征で温羅《うら》という鬼を退治している。この鬼退治伝説が童話化したものが、有名な『桃太郎』の物語である。

クマソタケル

記：熊曽梟師／紀：熊襲梟師
登場年代：人代神話

ヤマトタケル征西の伝説（➡p180）に登場する九州の豪族。個人名ではなく、クマソは部族名、タケルは部族の頭領「イサオ」の部下として各部族を束ねるリーダーのことである。この物語に登場するクマソタケルは兄弟であった。

彼らは祭を行っていたが、女装してまぎれこんだオウス（ヤマトタケル）を美少女と勘違いし、酒をつがせる。だが兄弟が酔いつぶれるのを待っていたオウスに斬り殺された。クマソタケルは死の間際、単身敵地に乗り込んだオウスの勇敢さをたたえ、これからはヤマトタケルと名乗るように勧めた。有名なこの名前は、敵から与えられた異名だったのだ。

アメノヒボコ

記：天之日矛尊／紀：天日槍命
登場年代：人代神話

アメノヒボコは、朝鮮半島の新羅《しらぎ》国の王子でありながら、不思議な姫を追いかけて日本に移住した人物である。

『古事記』によれば、赤い玉から生まれたアカルヒメ（➡p147）という女神はアメノヒボコの妻になったが、しだいにアメノヒボコは思い上がり、アカルヒメをののしるようになった。堪忍袋の緒が切れたアカルヒメが「実家に帰ります」とばかりに日本に向かうと、アメノヒボコも追いかけたが、神の力に遮られて上陸できない。仕方なく彼は別の場所で別の姫と結婚した。彼の7代あとの子孫が、のちに新羅討伐をなしとげる神功皇后（➡p182）である。

ヤトノカミ

出典：常陸国風土記　漢字表記：夜刀神
登場年代：

『常陸国風土記』に登場する蛇の神で、ヤツノカミとも読む。かつては常陸《ひたち》国（現在の茨城県）南東部の行方郡に群れで住み着いていた。頭に角があり、群れをなしてあらわれるのだが、もっとも恐ろしいのは彼等が持つ呪いの力である。ヤトノカミの姿を見るだけで呪いが降りかかり、一門を破滅させるばかりか、後継ぎの子孫が産まれなくなってしまうという恐ろしい存在だ。この呪いを避けるためには、つねに柳の枝を身につけている必要があるという。

26代天皇である継体《けいたい》天皇の時代、箭括の氏麻多智（やはずのうじまたち）という人物が、葦が生える草原を農地にするべく開墾したところ、ここに多数のヤトノカミがあらわれて開墾の邪魔をした。激怒した麻多智は武装し、ヤトノカミを次々と殺して追い払った。その後、麻多智は山の入り口に境界となる柱を立て、神の住む山と人が田を作る平野を区切る代償に、彼らを神として奉ることを約束したという。

さらに時代が降り36代孝徳《こうおく》天皇の時代には、堤防の工事中にヤトノカミがあらわれ、木に登って去ろうとしなかった。工事担当者の壬生連麻呂（みぶのむらじまろ）は、民のための治水工事を邪魔する神はどこの何者かと叫び、工員たちにヤトノカミを打ち殺すよう命じた。恐れたヤトノカミはちりぢりに逃げ出したとされている。

最高神と行く日本神話の旅、解散式

ふぅ、日本の神や神話についてはこんなところかな？
お姉さんってばつい調子に乗りすぎちゃったよ。ホントは神武天皇の即位までを「日本の神話」として話すつもりだったんだけど……話しすぎちゃった。

まったく、興が乗ってくると調子に乗りすぎるのは悪い癖だ、そんなことではスサノオのことをとやかく言えんぞ。
さて、これでワシらによる日本神話の講義はおしまいだ。どうだったかね。

はいっ！　とてもわかりやすくご教授いただきました♪
鍛冶のみならず教師としても一流とはっ、さすがはお師匠様ですっ！

あー、こらこら。今回の生徒はまろんなのだ。
カグヤは少し控えていなさい。

えっと、神様に神話を教えてもらえるなんて夢みたいでした！
それに、こんなにたくさんの女神様に会わせてもらえるなんて。
いやー、フィールドワークの大切さを思い知った次第です！

うんうん、日本の神話に女神はたくさんいるけれども、すらすらと名前をあげられる子ってまずいないだろうしねー。
有名じゃなくたって、みんなこの国を支えている重要な女神なんだよ。

はい！　いろんな神様が私たち日本人の暮らしを支えているんだってよくわかりました！
これから編纂する国史は、神様との関わりをしっかり伝えられるものにしたいと思ってますっ。もう、今ならあっというまに書き終えられそうですよーっ！

いやー、あっという間は無理じゃないかな……。

え、どうしてですか？
アマテラス様たちにいただいた資料もありますし、それこそ今からでも……。

はっはっは、まろん、お主が書かねばならないのは「国史」であろう？
我らが伝えた「日本神話」は、国史の入り口に過ぎん。神武天皇が即位したあとの日本の歴史については、まろん自身で調べてがんばることだな。

あーっ！　そうだった!!　……ということは、まだまだ資料を集めなきゃいけないってことーっ!?

……こうしてふたりの先生と別れたまろんでしたが……

はぁ〜。神話をばっちり教えてもらって、これで完璧！　って思ったのにな。神様の時代が終わってからの歴史をひとりでまとめるなんて……アマテラス様たちは高天原に帰っちゃったし……って、あれ？　カグヤ？　一緒に帰ったんじゃなかったの？

当然ですよ？　わたくしカグヤが命じられたのは、神話の説明ではなくて「まろん様の国史編纂をお助けすること」です。国史が完成するまでお手伝いします。
……もしかして、お邪魔でしたか？

……そ、そんなわけないよ！　カグヤが手伝ってくれるなら百人力だよ〜っ！
ひとりじゃできない仕事だって、ふたりでなら絶対完成させられるって。
よーし、燃えてきたーっ!!　さっそく編纂室へいこう!

ええ、その意気ですよ！
……あら？　履物？　明かりもついていますね。
先に使っていらっしゃる方がいるのでしょうか。

この履き物は、お師匠様？
さてはいまごろになって遊びから帰ってきたんですね……。
よしっ、一発文句を言ってやらなくちゃ!!

こらー！　ししょー!!
お師匠様がサボってるあいだに、国史編纂、私がやることになっちゃったじゃ……。

ポリポリ
あ、それ、もう提出しといたから
LIVE
なっ……!?

萌える！日本神話の女神事典　これにておしまい！

この本では、
日本の神話に登場する
女神様を描くために、
45 人ものイラストレーターさんが
集まって腕を振るってくれたんだってっ！
とっても素敵なイラストを描いてくれて、
ありがとうございましたーっ！

イラストレーター紹介

藤《とう》ます

●表紙

恐れ多くも天照大神を萌えキャラ化?してみました。天照大神は天皇家のご先祖様なので不敬に当たらないかと余計な心配をしながら露骨な感じにしてみました。（おや?）
日本神話の神聖な感じと、女性の肢体の美しさ、そして萌え事典らしいエロさを追求してみましたが如何でしょうか…！ お楽しみいただければ幸いです。

VAGRANT
http://momoge.net/v/

C-SHOW《ししょう》

●巻頭・巻末コミック
●案内キャラクター
●ククリヒメ (p55)

縁結びの神様、とっても名前がかわいい「ククリヒメ」をリボン山盛り、ちょっとお姉さんな感じで描かせていただきました。
神話にちょっとしか登場しない女神様なのもあって、決まったイメージがなくて苦労しましたが、和物は久々なのもあってとても楽しく描けました♪

おたべや
http://www.otabeya.com/

湖湘七巳《こしょうしちみ》

●カラーカット
●ヨロヅハタトヨアキツシヒメ (p113)
●モノクロカット

「ヨロヅハタトヨアキツシヒメ」を描かせていただきました湖湘七巳と申します。
古事記等を最初から読むと登場人物や神様の名前が多すぎて有名な名前以外は覚えるのに四苦八苦してしまいそうですが、まずは女神様から、この本でビジュアルを楽しみつつ覚えていけばもう少し気軽に古事記を読めそうです！

極楽浄土彼岸へ遙こそ
http://homepage3.nifty.com/shichimi/

きゃっとべる

●カミムスヒ（p23）

結び。天と地、生命の復活と再生、その大地そのものを司る地母神。
脈動する大地、生命の源でもある水、そして繰り返される復活と再生を羽衣にすっといつまでも皆を日本を見守ってくれる凛々しくも優しい女神を。過去、現在、未来も日本は輝いていくと信じて…。と思いを込めてえがかせて頂きました。

HAPPY CLOVER

http://nekomiko.com/

u介《ゆーすけ》

●スヒジニ&イクグイ&オオトノベ&アヤカシコネ（p25）

今回のお話を頂くまで全く聞いたことが無い神様だったのですが、そのぶん自由に描けたかと思います。

Pixiv ページ

http://www.pixiv.net/member.php?id=915945

はんぺん

●イザナミ（p27）

イザナミを担当させていただきましたはんぺんです。
黄泉の国まで迎えに行ったイザナギに男気を感じ、腐ってるイザナミを見て逃げ帰る下衆っぷりに男のさがを感じました!

PUU のほむぺ〜じ

http://puus.sakura.ne.jp/

ぐらしおん

●エヒメ（p35）

今回、愛比売のイラストを担当させていただきました。
可愛らしさを意識しましたので、可愛いと感じてくだされば幸いです!
愛媛以前に四国にも行った事がないので、いつか赴いてみかんを食べたいです。

Choco Chips

http://gurasion0310.web.fc2.com/

桜《さくら》木《ぎ》蓮《れん》

●イワスヒメ（p37）

イワスヒメを担当いたしました。イワスヒメを描く前に日本神話について少し勉強したのですが、調べてみるととても面白い!! イワスヒメが皆様に少しでも気に入っていただければ幸いです。

SmoTTo

http://sakuragiren.moo.jp/

888

●ハヤアキツヒメ（p39）

普段なかなか依頼がなくてあまり描けないお母さん枠で大変楽しかったです!
ようじょもいいけど熟女もね。

Twitter ページ
https://twitter.com/recchiki_888

結城《ゆうき》リカ

●カヤヌヒメ（p41）

カヤヌヒメのイラストを担当させて頂きました。日本神話はおもしろいエピソードがたくさんあり個人的にもとても興味のある分野でしたので、今回お誘い頂き楽しく描かせて頂きました。

SAKURAWHITE
http://sakurawhite.moo.jp/

々仝《のまへえ》

●オオゲツヒメ（p43）

々仝と申します。
今回はオオゲツヒメを描かせていただいたのですが、後ろめたさを感じつつも身体中の穴という穴から色々と生み出しているさまを目撃されたときのオオゲツヒメの反応を後世に伝承していきたいと思います。

々の間
http://nomahee.blog.fc2.com/

ふゆ餅《もち》

●ハニヤスビメ（p47）

初めまして、ふゆ餅と申します。ハニヤスビメを担当させていただきました。
もっとおっぱいやお尻成分があった方が良かったかもしれない…と悩みつつ、楽しく描かせていただきました。
少しでも気に入っていただければ幸いです!

Ancorocco
http://xsaltx.moo.jp/

Sui.《すい》

●イヅノメ（p57）

イズノメを担当させていただきました Sui. です。
ミステリアス且つ清浄な雰囲気を醸し出しつつも、基本的には自由にデザインしてよいとのことだったので、自分の好きな要素てんこ盛りで描かせて頂きました。

みどりのはこ。
http://egp.fem.jp/

匡吉《まさきち》

●アマテラス（p60）

はじめまして、匡吉と申します。アマテラスを描かせて頂きました。
今回、元のデザインを少しアレンジさせて頂いております。
うまく表現できたかはわかりませんが、太陽神らしさが出ていれば幸いです。

masamasaworld

http://masamasaworld.nobody.jp/

7《なな》

●トヨウケビメ（p63）

トヨウケビメを担当させていただきました、7と申します。
穀物や食物を司る女神という事で、包み込むような優しさ、豊かさなどを意識してみました。
豊かなのはいいことですね！
今日もご飯が美味しいです、ありがとうございます！

ななつぼし

http://nanatsubosi.web.fc2.com/

えめらね

●ワカヒルメ（p69）

今回「ワカヒルメ」を担当しましたえめらねです。
この子は神話の中でとても不憫ですので、せめてイラストではホンワカ…していませんね、はい。服装は和装にアレンジを加えて現代っぽくしてみました。こういう事をすると和服好きの友人にお叱りを受けてしまうのですが、こういうのもアリですよ、アリ。

AlumiCua

http://emerane.dokkoisho.com/index.html

中乃空《なかのそら》

●アメノウズメ（p71）

アメノウズメを担当させて頂きました中乃空です。
イラストを描くにあたって資料を見るとかなりエロティックな設定がてんこ盛りの神様で
「こんな神様考えるなんて昔の人も中々やるなぁ」とかよくわかんない感慨に浸ってました。
やっぱりエロスは世界共通全人類普遍の価値観なんですね〜。

In The Sky

http://altena.sakura.ne.jp/

蘇芳《すおう》サクラ

●宗像三女神（p76）
●シタテルヒメ（p107）

シタテルヒメを担当しました蘇芳サクラです。
悲しみが伝わっていただけたら幸いです。

スオウノカクレガ

http://suounokakuregadayo.seesaa.net/

ジョンディー

●クシナダヒメ（p79）

今回はクシナダヒメを担当させていただきました。
和装はあまり描かないので今回はとても新鮮でした。
少しでも楽しんで頂ければ幸いです！

Pixiv ページ
http://www.pixiv.net/member.php?id=1686747

山鳥《やまどり》おふう

●カムオオイチヒメ（p81）

カムオオイチヒメを描かせて頂きました。
スサノオの2番目の奥さんだそうで…スサノオはゲームやアニメにも登場したりとそれなりには知っていましたが、その奥さんについては今回初めて知りました。
奥が深いです日本神話…。
この事典で勉強したいと思います…！

YAMadoriarea
http://ya.matrix.jp/

しろきつね

●ウカノミタマ（p84）

「ウカノミタマ」という神様と言えば、「稲荷神」・「狐」・「神社」。
と言う訳で、折角ですのでこの度は自身の趣味を全力で注がせて頂きましたっ。
日頃も狐をはじめとした獣耳っ娘を中心に描きつつ活動しておりますので、お見掛けされた際にはまた宜しくお願い致します！

白い狐の住む社
http://shiroikitsunenosumuyashiro.net/

皐月《さつき》メイ

●オキツヒメ（p89）
●タマヒメ（p143）

はじめまして皐月メイと申します。今回はかまどの神であるオキツヒメを描かせていただきました。かまどは人にとって身近なものだったのでオキツヒメも身近に感じられるような雰囲気にしてみました。ラフ提出時に身近な感じを意識して地味目な服装にしたら「神っぽさが足りませんね」と再提出になったのはここだけのお話。

PIXIV ページ
http://www.pixiv.net/member.php?id=381843

あみみ

●サシクニワカヒメ&ウムギヒメ&キサガイヒメ（p95）

赤貝とハマグリの女神の髪色は貝の身の色を意識していますが、そこが個人的に気に入っています。
背景の海を描く時に人物が浮かないように、描きこみすぎないようにするのが楽しかったです。

えむでん
http://mden.sakura.ne.jp/mden/

A《あ》ちき

●ヤガミヒメ（p99）

Aちきと申します。あちきです。ヤガミヒメを楽しく描かせて頂きました。ありがとうございます。

eeeeE

http://atikixxx.tumblr.com/

日吉《ひよし》ハナ

●スセリヒメ（p101）

スセリヒメを担当させて頂きました。妖艶さを表現するのが大変でした…。
皆さんのイメージに残る絵になっていればいいなと思います。

HMA

http://hma.xii.jp/

天領《てんりょう》セナ

●アメノサグメ（p105）

はじめまして!天領セナと申します。この度は萌える事典シリーズに参加させて頂き大変嬉しく思います。私にとって難しいモチーフでしたがアメノサグメが皆さんの心に少しでも残るとうれしいです。
ほんとうにありがとうございました!

ROSY LILY

http://www.lilium1029.com/

アカバネ

●コノハナサクヤ&イワナガヒメ（p116）

はじめまして、アカバネと申します。
今回は見開きでコノハナサクヤヒメとイワナガヒメを担当させていただきました。対照的な二人の女神ということで、彼女たちのエピソードも踏まえて楽しんでいただけると嬉しいです!

zebrasmise

http://akabanetaitographics.blog117.fc2.com/

雨神《さめがみ》

●イヒカ（p125）

イヒカを担当させていただきました雨神です。イメージを掴むのがなかなか難しい神様でした。
なのでほぼ自分の趣味です、すいません!

和ノ雨

http://www.nagominoame.net/

フジヤマタカシ

●ヒメタタライスケヨリヒメ（p127）
●モノクロカット

ヒメタタライスケヨリヒメ（長い…）を担当しましたフジヤマです。
天皇の系譜は何代目から実在する人物だったかはよく分かってないそうで、なんだか面白いですよね。

Pixiv ページ
http://pixiv.me/fujiyamax

アルデヒド

●アヤトヒメ（p135）

アヤトヒメを担当させて頂きました。
今回、ふとももに力を尽くしました。よろしくお願い致します。

軒下の猫屋
http://arudehido.blog.fc2.com/

れんた

●サヨツヒメ（p137）

初めましてれんたと申します。
今回「サヨツヒメ」のイラストを担当させて頂きました。
日本には色々な神様が居るんだなぁと勉強させて貰いつつ描いておりました。
奥が深いですね、日本神話。

既視感
http://detectiver.com/

鳥《とり》居《い》すみ

●カメヒメ（p141）

はじめまして、カメヒメのイラストを担当させていただきました。
某ゲームにも出てきた瑞江浦嶋子と五色の瑞亀ってやつですね！日本の伝承大好きです。
亀ゼリー食べたいです。

airdrop
http://airdrop.xii.jp/

まろんさん、ご存じでしたか？
この本を書いた「TEAS 事務所」さんは、
書籍の編集や執筆を
お仕事にされている方々なのですよ。

へぇ～、そうなんだ！
あ、もしかしてこれ、その「TEAS事務所」の
ホームページとツイッターじゃないかな？
さっそく見に行ってみよう！
http://www.otabeya.com/
http://twitter.com/studioTEAS

しかげなぎ

●カラーカット
●モノクロカット

Sugar Cube Doll
http://www2u.biglobe.ne.jp/~nagi-s/

とんぷう

●扉カット

ROCKET FACTORY
http://rocketfactory.jpn.org/

藤《ふじ》井《い》英俊《えいしゅん》

●日本地図カット
（p45）

Vector scan
http://vectorscan.exblog.jp/

ryuno《りゅーの》

●ミヅハノメ
（p49）

Pixiv ページ
http://www.pixiv.net/member.php?id=107235

赤《あか》井《い》さしみ

●カナヤマヒメ
（p51）

Pixiv ページ
http://www.pixiv.net/member.php?id=2288819

おにねこ

●ナキサワメ
（p53）

鬼猫屋
http://oni26.tudura.com/

この本を作った
スタッフを
紹介させていただこう。

萌える！日本神話の女神事典 staff

著者　TEAS事務所
監修　寺田とものり
テキスト　岩田和義（TEAS事務所）
林マッカーサーズ（TEAS事務所）
朱鷺田祐介（スザク・ゲームズ）
牧山昌弘
密田憲孝（VERSUS）
内田保孝
鷹海和秀
本文デザイン　神田美智子
カバーデザイン　筑城理江子

三井トモスミ

●イシコリドメ（p73）

BAD SHEEP WEB

http://bswb.blog110.fc2.com/

よつば

●オオヤツヒメ&ツマツヒメ（p87）

Pixiv ページ

http://pixiv.me/misoni_comi

けいじえい

●セヤダタラヒメ（p103）

Pixiv ページ

http://www.pixiv.net/member.php?id=5021528

誉《ほまれ》

●トヨタマビメ（p119）

FOOL'S ART GALLERY

http://fool.ran-maru.net/

しまちよ

●タマヨリビメ（p123）

Shioshio.

http://solt.flop.jp/

木五倍子《ぎぶし》

●イカトミノツマ（p139）

Five Fairies of Forests

http://blog-fff.seesaa.net/

主要参考資料

◆原典（現代語訳含む）

『古事記』倉野憲司　校注（岩波文庫）
『新版 古事記 現代語訳付き』中村啓信　訳（角川ソフィア文庫）
『口語訳 古事記［完全版］』三浦佑之　著（文藝春秋）
『古事記 現代語で読む歴史文学』緒方惟章　訳／西沢正史監修（勉誠出版）
『日本書紀　1～5』坂本太郎、家永三郎、井上光貞、大野晋校注（岩波文庫）
『日本の名著 1 日本書紀』井上光貞　編（中央公論新社）
『全現代語訳 日本書紀　上下』宇治谷孟　著（講談社学術文庫）
『風土記』吉野裕　訳（東洋文庫）
『出雲国風土記 全訳注』荻原千鶴　著（講談社学術文庫）
『新編日本古典文学全集 風土記』松垣節也　校注・訳（小学館）
『校訂 延喜式　上下』皇典講究所、全国神職会　校訂（臨川書店）
『大祓詞註釈大成　上中下』宮地直一　ほか　共編（名著出版）

◆研究書、辞典など

『アジア女神大全』吉田敦彦、松村一男　編著（青土社）
『出雲神話の誕生』鳥越健三郎　著（講談社学術文庫）
『浦島太郎の日本史』御船隆之　著（吉川弘文館）
『大国主の神話 出雲神話と弥生時代の祭り』吉田敦彦　著（青土社）
『改訂新版 神代の風儀「ホツマツタヱ」の伝承を解く』鳥居礼　著（新泉社）
『カレワラ神話と日本神話』小泉保　著（日本放送出版協会）
『キーワードで引く 古事記・日本書紀事典』武光誠、菊池克美　編（東京堂出版）
『決定版神道の本 知れば知るほど面白い！』三橋健　著（西東社）
『古事記外伝 正史から消された神話群』藤巻一保（学研）
『古事記神話を読む ＜神の女＞＜神の子＞の物語』　佐藤正英著（青土社）
『古事記日本書紀を知る事典』武光誠　著（東京堂出版）
『古代日本の月信仰と再生思想』三浦茂久　著（作品社）
『古代の出雲』水野祐　著／日本歴史学会　編集（吉川弘文館）
『三種の神器＜玉、鏡、剣＞が示す天皇の起源』戸矢学　著（河出書房新社）
『縮刷版神道事典』國學院大學日本文化研究所　編集（弘文堂）
『新撰姓氏録の研究 本文篇』佐伯有清 著（吉川弘文館）
『神話伝説辞典』朝倉治彦、井之口章次、岡野弘彦、松前健編（東京堂出版）
『図説あらすじでわかる！日本の神々と神社』三橋健　著（青春出版社）
『増訂 日本神話伝説の研究　1～2』高木敏雄　著／大林太良　編（ワイド版東洋文庫）
『知の探求シリーズ 世界の神話がわかる』吉田敦彦　監修／高橋清一、和田義浩、山本和信、高橋雅子、鰭木周見夫　著（日本文芸社）
『日本神さま事典』三橋健、白山芳太郎　編著（大法輪閣）
『日本神名辞典』（神社新報社）
『日本神話事典』大林太良、吉田敦彦　監修／青木周平、神田典城、西條勉、佐佐木隆、寺田恵子　編（大和書房）
『日本神話の神々 そのルーツと御利益』戸部民夫　著（三修社）
『日本神話の構造』大林太良　著（弘文堂）
『日本神話の謎がよくわかる本』松前健　著（大和書房）
『日本の神々神徳・由来事典』三橋健　編（学研）
『日本の神様読み解き事典』川口謙二　編（柏書房）
『日本の偽書』藤原明（文春新書）
『日本の祭事伝承』小川直之　著（アーツアンドクラフツ）
『日本の神仏の辞典』大島建彦、薗田稔、圭室文雄、山本節編（大修館書店）
『日本の神話 その諸様相』岸根敏幸　著（晃洋書房）
『日本の神話を考える』上田正昭　著（小学館ライブラリー）
『日本の母神信仰』山上伊豆母　著（大和書房）
『日本の祭り 知れば知るほど』神田正昭　著（実業之日本社）
『日本のまつろわぬ神々 記紀が葬った異端の神々』（新人物往来社）
『ヒミコの系譜と祭祀　日本シャーマニズムの古代』川村邦光　著（学生社）
『姫神の来歴 古代史を覆す国つ神の系図』騠山貴久子　著（新潮社）
『風土記の考古学 5 備前国風土記の巻』小田富士雄　編（同成社）
『別冊歴史読本 徹底検証 古史古伝と偽書の謎』（神人物往来社）
『ホツマ物語 神とオロチ』鳥居礼　著（新泉社）
『民間信仰辞典』桜井徳太郎　編（東京堂出版）
『宗像シンポジウム 古代海人の謎』田村圓澄、荒木博之　編（海鳥社）
『宗像シンポジウム 2 中世の海人と東アジア』川添昭二、網野善彦　編（海鳥社）
『宗像大社・古代祭祀の原風景』正木晃　著（日本放送出版協会）

◆ web サイト

出雲大社ホームページ
http://www.izumooyashiro.or.jp/

宗像大社公式ホームページ
http://www.munakata-taisha.or.jp/

余呉湖観光公式 HP（余呉湖の羽衣伝説の亜流）
http://yogokanko.jp/node/60）

南部町公式ホームページ
http://www.town.nanbu.tottori.jp/akaiiwa/

諏訪市博物館 webpage（諏訪湖の御神渡り）
http://www.city.suwa.lg.jp/web/scm/index.htm

富士山本宮浅間大社公式ホームページ
http://fuji-hongu.or.jp/sengen/index.html

神名、人物名索引

項目名	分類	ページ数
アカルヒメ	姫神	147,148,193
アキヤマノシタノオトコ	神	148
アシナヅチ	神	78,150,186
アヂシキタカヒコネ	神	106
アハシマ	神	26
アヒラヒメ	女神	126
アマツミカボシ	神	190
アマテラス	女神	11,12,13,16,28,33,44,58,59,62,64〜68,70,72,74,86,90,92,93,100,104,106,108〜112,118,128,150,162,165,168,169,170〜174,176〜178,184,186,188,189,190,191
アマノサデヨリヒメ	女神	147
アマノタネ	神	148
アマノトリフネ	神	191
アメノウズメ	女神	59,70,191
アメノオシホミミ	神	111,112,177,184,189
アメノキヒザモチ	神	38
アメノサグメ	女神	93,104
アメノタナバタヒメ	女神	112
アメノヒボコ	神	147,148,193
アメノフキオ	神	36
アメノマヒトツ	神	72,189
アメノミクマリ	神	38
アメノミナカヌシ	神	22,26
アメノワカヒコ	神	104,106,177,186
アヤカシコネ	女神	21,24
アヤトヒメ	女神	132,134
アワナギ	神	38
アワナミ	女神	38
イイヨリヒコ	神	34
イカトミ	神話の人物	138
イカトミノツマ	女神	133,138
イクグイ	女神	21,24
イクタマヨリヒメ	女神	122,147,148,190
イザナギ	神	16,20〜22,24,26,28〜34,36,38,40,42,46,52,54,56,58,64〜67,78,82,86,91,147,149,152,164,165,168〜172,176,184,186,187,189
イザナミ	女神	16,20〜22,24,26,28〜34,36,38,40,42,46,48,50,52,54,58,62,64,65,67,78,82,86,91,92,144,147,149,152,164,165,168,170,171,176,184,186,187,188
イシコリドメ	女神	59,72,189
イズシノヤマエノオオカミ	神	148
『出雲国風土記』	書籍・資料	96,130,132,134,136,142
イソタケル	神	86
イチキシマヒメ	女神	74,75,90
イヅシオトメ	女神	148
イツセ	神	111,179,192
イヅノメ	女神	56
イハサク	神	32
イハツツ	神	32
イヒカ	女神	124
イヨノフタナノシマ	神	34
イワスヒコ	神	36
イワスヒメ	女神	36,184
イワナガヒメ	女神	111,114,115,186
イワノヒメ	女神	148,152
ウカノミタマ	女神	80,82,83
ウガヤフキアエズ	神	111,120,122,185
ウケモチ	女神	44,82,188
ウサツヒコ	神	148
ウサツヒメ	女神	148
ウヒジニ	神	24
ウムギヒメ	女神	93,94,96
ウワツツノオ	神	189
エヒメ(愛比売)	女神	34
エヒメ(兄比売)	姫神	148,184
『延喜式』	書籍・資料	150
応神天皇	歴代天皇	97,149,150,158
『近江国風土記』	書籍・資料	138
オオウス	神話の人物	148,180,181
オオクニヌシ	神	13,16,22,59,62,75,78,91〜94,96,98,100,102,104,106,112,134,150,151,168,169,173〜177,184,188〜191
オオゲツヒメ	女神	22,34,42,44,82
オオタムワケ	神話の人物	151
オオトシ	神	44,80
オオトノジ	神	24
オオトノベ	女神	21,24
オオトヒワケ	神	36
オオトマトイメ	女神	148
オオナオビ	神	56
オオナムチ(オオナムヂ)	神	オオクニヌシを参照
太安万侶	その他の人物	157,158,159,164
オオマガツヒ	神	56
オオモノヌシ	神	102,122,126,147,148,152,174,175,185,190
オオヤツヒメ	女神	86
オオヤビコ(家宅六神)	神	36
オオヤビコ(オオクニヌシを助けた神)	神	96
オオヤマツミ	神	40,114,115,148,149,186
オキツヒコ	神	88
オキツヒメ	女神	88
オトシキ	神話の人物	191
オトタチバナヒメ	姫神	149,181
オトヒメ	姫神	148
オホノデヒメ	女神	149
オミズヌ	神	151
オモイカネ	神	59,72,188,190
オモダル	神	24
開化天皇	歴代天皇	150,161,182
カザモツワケノオシオ	神	36
カナヤゴノカミ	女神	50,149
カナヤマビコ	神	32,50
カナヤマヒメ	女神	32,50
カミナガヒメ	姫神	149
カミムスヒ	女神	20,22,94,96,134,190
カムオオイチヒメ	女神	80,82
カムオオネノミコ	神話の人物	148
カムナオビ	神	56
カムヤマトイワレビコ	神	神武天皇を参照
カメヒメ	女神	133,140
カヤヌヒメ	女神	40,148
カルノオオイツラメ	姫神	149
川島皇子	その他の人物	160,164
キサガイヒメ	女神	93,94,96
キスミミ	神話の人物	126
キナシノカルノミコ	神話の人物	149
キビツヒコ	神話の人物	192
ククノチ	神	86
ククリヒメ	女神	54,56
クシナダヒメ	女神	78,150,173,186
クニノクヒザモチ	神	38
クニノミクマリ	神	38
クマソタケル	神話の人物	181,193

クラオカミ	神	32
クラミツハ	神	32
景行天皇	歴代天皇	134,148,180
継体天皇	歴代天皇	193
元明天皇	歴代天皇	59,130,131,156,157
皇極天皇	歴代天皇	161
孝徳天皇	歴代天皇	161,193
孝霊天皇	歴代天皇	115,152,192
コトシロヌシ	神	102,191
コノハナチルヒメ	女神	149
コノハナノサクヤビメ	女神	111,114,115,118,121,150,185,186
斉明天皇	歴代天皇	161
サシクニワカヒメ	女神	93,94,96
サホヒメ(狭穂毘売)	姫神	150,151
サホヒメ(佐保姫)	女神	150
サヨツヒメ	女神	133,136
サルタヒコ	神	70,191
シタテルヒメ	女神	93,104,106,147
持統天皇	歴代天皇	15,161,164
舒明天皇	歴代天皇	161
シラヤマヒメ	女神	54
神功皇后	姫神	68,150,169,182,183,185,189,193
神武天皇	歴代天皇／神	16,102,109,111,114,120,122,124,126,146,148,158,161,169,171,178,179,180,185,186,191,192
推古天皇	歴代天皇	15,59,158,161,164
綏靖天皇	歴代天皇	126,161
垂仁天皇	歴代天皇	150,151,152
菅原道真	その他の人物	97,138
スクナビコナ	神	22、134、175、190
スサノオ	神	13,16,22,33,42,44,56,58,65～68,70,72,74,75,78,80,82,86,88,92,93,96,100,106,150,151,162,168,169,171～175,184,186,188,189
崇神天皇	歴代天皇	152,161,192
スセリビメ	女神	93,98,100,184
スヒジニ	女神	24
住吉三神	神	183,189
セヤダタラヒメ	女神	102,126,185,190
ソコツツノオ	神	189
平将門	その他の人物	97
タカミムスヒ	神	20,22,59,106,186,188,190,191
タギシミミ	神話の人物	126
タギツヒメ	女神	74,75
タギリヒメ	女神	74,75,106
タケタマヨリビメ	女神	122
タケミカヅチ	神	32,59,148,152,176,177,184,187,190,191
タケミナカタ	神	150,152,191
タケヨリワケ	神	34
タヂカラオ	神	72,189
タツタヒメ	女神	150
タマヒメ	女神	132,142
タマヨリビメ	女神	102,111,122,185
『丹後国風土記』	書籍･資料	62,140
『筑前国風土記』	書籍･資料	130
仲哀天皇	歴代天皇	151,182,183
ツクヨミ	神	33,44,58,67,92,171,184188
ツヌグイ	神	24
ツマツヒメ	女神	86
ツラナギ	神	38
ツラナミ	女神	38
テナヅチ	女神	78,150
天智天皇	歴代天皇	161
天武天皇	歴代天皇	48,156,157,160,161,166,167
舎人親王	その他の人物	164
トヨウケビメ	女神	32,62,82,128
トヨタマビメ	女神	111,118,120,122,185
ナガスネヒコ	神	179,191,192
ナカツツノオ	神	189
ナキサワメ	女神	52
ナキメ	神	104
ニウツヒメ	女神	150
ニギハヤヒ	神	179,192
ニニギ	神	62,110,111,112,114,115,118,169,178,185,186,189
仁徳天皇	歴代天皇	148,149,152,158
ヌナカワヒメ	女神	100,150
ネサク	神	32
ハニヤスビコ	神	32,46
ハニヤスビメ	女神	32,46,52,184
ハヤアキツヒコ	神	38,56
ハヤアキツヒメ	女神	38,56
ハヤブサワケ	神話の人物	152
ハヤマト	神	44
『播磨国風土記』	書籍･資料	130,133,134,136,142,150
ハルヤマノカスミオトコ	神	148
卑弥呼	その他の人物	152,182
稗田阿礼	その他の人物	156,157,159,164
ヒカワヒメ	女神	151
『肥後国風土記』	書籍･資料	130
『肥前国風土記』	書籍･資料	132,142
『常陸国風土記』	書籍･資料	130,133,193
ヒナガヒメ	姫神	151
ヒノカグツチ	神	26,32,46,48,50,52,62,88,164,170,176,184,187
ヒバスヒメ	姫神	151,152
ヒハヤヒ	神	32
ヒメタタライスケヨリヒメ	女神	102,126,185
ヒルコ	神	26,128,187
フタジノイリヒメ	姫神	151
フタジヒメ	姫神	151
フツヌシ	神	190
フテミミ	女神	151
武烈天皇	歴代天皇	128
『豊後国風土記』	書籍･資料	132
ホオリ(山幸彦)	神	111,118,120,122,185
ホデリ(海幸彦)	神	111,118,120
ホムツワケ	神話の人物	151
ミカハヤヒ	神	32
ミヅハノメ	女神	32,46,48,52
ミヤズヒメ	姫神	151,181
宗像三女神	女神	67,74,75,90,106
メドリ	姫神	152
本居宣長	その他の人物	56
ヤガミヒメ	女神	93,94,98,100,120,174,175
ヤサカトメ	女神	152,191
八十神	神	96,98,100,175
ヤソマガツヒ	神	56
ヤタガラス	神	122,179,186,191
ヤトノカミ	神?	193
氏麻多智	その他の人物	193
ヤマタノオロチ	怪物	13,78,92,150,173,186
ヤマトトトヒモモソヒメ	姫神	152
ヤマトヒメ	姫神	152,181
ヨモツシコメ	女神	13,152,171
ヨロズハタトヨアキツシヒメ	女神	111,112,184,186
ワカヒルメ	女神	68,150,162
ワクムスヒ	神	32,46,48,62
ワダツミ	神	38,118,120,122

萌える！日本神話の女神事典

2014 年 7 月 18 日 初版発行

著者　TEAS 事務所
発行人　松下大介
発行所　株式会社 ホビージャパン
〒151-0053　東京都渋谷区代々木 2-15-8
電話　03（5304）7602（編集）
03（5304）9112（営業）

印刷所　大日本印刷株式会社

乱丁・落丁（本のページの順序の間違いや抜け落ち）は購入された店舗名を明記して当社パブリッシングサービス課までお送りください。
送料は当社負担でお取り替えいたします。
但し、古書店で購入したものについてはお取り替えできません。

Printed in Japan
ISBN978-4-7986-0845-7 C0076